Gott trägt uns wie in einem Tuch

Magdalena Butter

MATERIALIEN ZUR GEMEINDEARBEIT

- ☐ Kleinkinder
- ■ Kinder
- ☐ Jugendliche
- ☐ Familien
- ☐ Senioren

Bibliografische Information Der Deutschen Bibliothek

Die Deutsche Bibliothek verzeichnet diese Publikation in der Deutschen Nationalbibliografie; detaillierte bibliografische Daten sind im Internet über http://dnb.ddb.de abrufbar.

1. Auflage
Umschlag, Typografie und Herstellung:
Dieter Kani, Stuttgart
Titelbild: Conrad, Einbeck
Druck- und Bindearbeiten:
Buch- und Offsetdruckerei Paul Schürrle, Stuttgart

ISBN 3-7797-0432-3 (Verlag Junge Gemeinde)
ISBN 3-460-25006-2 (Verlag Kath. Bibelwerk)

Christa Gerold / Wolfgang Loos

Gott trägt uns wie in einem Tuch

Schulanfangsgottesdienste zum Anfassen

Verlag Junge Gemeinde

Verlag Katholisches Bibelwerk

Inhalt

Vorwort 6

Einführung

Theologie des Erzählens 8
Die Bedeutung religiöser Symbole in der religionspädagogischen Arbeit 12
Rituale im Schulanfangsgottesdienst 14

Die Gottesdienstmodelle

Hände spüren 16
Dein Stecken und Stab trösten mich 22
Leben unterm Regenbogen 30
Gott dein guter Segen ist wie ein großes Zelt 36
Fürchte dich nicht – gemeinsam sind wir stark 44
Unter dem Baum des Lebens 52
Alles muss klein beginnen 61
Gott trägt uns wie in einem Tuch 69
Kleines Lebensbuch zum Schulanfang 75
Kommt, ihr seid gerufen 84
Worte, die das Leben bunt und warm machen 90
Gott sagt zu dir: »Ich hab dich lieb, ich wär so gern dein Freund!« 99
Jesus ist mit im Boot 107
Segenskraft ist Lebenskraft 113

Bibelstellenregister 120
In den Gottesdiensten verwendete Symbole 120
Verzeichnis der Lieder 120

Abkürzungen:

EG Evangelisches Gesangbuch
KG Das Kindergesangbuch, Claudius Verlag, München
LJ Liederbuch für die Jugend, Gütersloher Verlagshaus, Gütersloh
SL Schwerter Liederbuch »Singt dem Herrn«, Verlag BDKJ, Paderborn

Vorwort

Die Einschulung

Der Beginn der Schulzeit, der Schulanfang, ist im Leben eines jeden Kindes, aber auch im Leben der Mütter und Väter und der sehr unterschiedlich geprägten Familien ein besonderer Einschnitt. Etwas Neues, was traditionell mit dem »Ernst des Lebens« ausgedrückt wurde, beginnt. Ein Kind, das in die Schule kommt, wird fast ein Jahr auf dieses Ereignis vorbereitet.
Im Kindergarten hat es früher zu den Kleinsten gehört, jetzt gehört es schon zu den Vorschulkindern, und damit zu den »Großen«. Damit sind sowohl Erwartungen als auch Privilegien im Sinne von »das dürfen nur die Vorschulkinder machen« verbunden.
Der Anmeldung in der Schule geht eine Phase der Überlegungen der Eltern voraus, in welche Schule sie ihr Kind schicken werden. Die Untersuchungen durch den Arzt, der Besuch in der Schule mit ersten Eindrücken, dies alles sind aufregende Ereignisse in der Vorbereitung auf die beginnende Schulzeit. Dazu kommen die privaten und familiären Gespräche und Vorbereitungen: Der Ranzen und die Grundausstattung fürs Lernen werden ausgewählt und gekauft. Die Planung für die Gestaltung des ersten Schultages hat in fast allen Familien einen hohen Stellenwert bekommen.
Der Tag der Einschulung ist ein besonderer und aufregender Tag: Die Überraschung mit der oft selbst gebastelten Schultüte und das erste »echte« Tragen des Ranzen. Der erste Gang zur Schule an der Hand von Mutter und Vater oder in der Gruppe von Freundinnen und Freunden, die auch in die Schule kommen, haben einen hohen Erinnerungswert.
Die Gestaltung dieses Tages hat sich in den letzten 20 Jahren zu einem hervorgehobenen Familienfest entwickelt. Sowohl das Kind als auch die Eltern erfahren eine eigene Würdigung für die Zeit, die zu Ende geht und für das Neue, das beginnt. Diese besondere Situation von dem einen in den anderen Lebensabschnitt wird auch von der Schule in der sorgfältig und liebevoll vorbereiteten Feierstunde deutlich. Dazu gehört auch der Gang in die Kirche zum Schulanfangsgottesdienst. Dieser Gottesdienstbesuch ist für viele Kinder die erste direkt erfahrbare Begegnung mit Kirche und Gemeinde und prägt oft die Einstellung zu dieser Institution. Auch für die Eltern, die selbst wenig oder gar keine Kontakte zu ihrer Kirchengemeinde haben, gehört dieser Gottesdienstbesuch dazu, selbst wenn das Kind noch gar nicht getauft ist. Auch für sie kann dieser Gottesdienst eine erneute Kontaktaufnahme zu ihrer Kirche sein.

Zum Hintergrund dieser Gottesdienste

In einer niedersächsischen Kleinstadt sind die hier zusammengefassten Schulanfangsgottesdienste entstanden, aus der Praxis einer vierzehnjährigen Zusammenarbeit von Schule und Kirche in einer ganz normalen Gemeinschaftsschule für Kinder aller Konfessionen und Nationen. Es sollten Gottesdienste sein mit einem bewusst ökumenisch-theologischen Profil, als offenes Angebot an alle Kinder und Eltern, in Wort und Tat kindgerecht

gestaltet, verständlich für die Kinder, aber auch für die begleitenden Erwachsenen, die oft wenig oder keine Gottesdiensterfahrung haben. Die Erfahrungen mit Kirche und Gemeinde sind bei Kindern und begleitenden Erwachsenen unterschiedlich und weit gespannt.
In einer offenen, angstfreien und menschenfreundlichen Atmosphäre sollten Gottesdienst, Gemeinde und kirchliche Rituale (begrüßen, beten, singen, segnen, Worte der Bibel usw.) erfahrbar werden.
Aus diesen Überlegungen ergab sich eine Grundstruktur für jeden Gottesdienst:
Der Gottesdienst sollte einladend, aber nicht vereinnahmend sein. Ermutigend, akzeptierend, aber auch durchaus kritisch wollten wir eine Begleitung in den neuen Lebensabschnitt ermöglichen.
Die Gottesdienste zum Schulanfang sollten von Gottes Liebe, Fürsorge und uneingeschränkter persönlicher Annahme erzählen: Du bist mein geliebtes Kind, ich habe dich bei deinem Namen gerufen.
Die Gestaltung sollte alle Sinne ansprechen, wobei immer eine Aktion, die die Kinder aktiv einbezog, im Mittelpunkt stand.
Aus dem Gottesdienst sollte etwas mitgenommen werden – durchaus gegenständlich verstanden –, was in Erinnerung blieb. Deshalb stand jeweils ein religiöses Symbol im Zentrum. Texte, Lieder, Aktionen und Gebete waren diesen Zeichen zugeordnet. Sie standen in Zusammenhang mit dem christlichen Glauben, der biblischen Botschaft und dem Leben der Kinder.
In die Vorbereitung und Durchführung des Gottesdienstes wurden möglichst viele Personen und Gruppen einbezogen: Vertreter der verschiedenen christlichen Gemeinden, aus denen die Kinder kamen, Lehrer aus der Schule und ältere Schulkinder, die bei den Bastelarbeiten halfen oder durch Bilder und Texte den Gottesdienst mitgestalteten. Erzieherinnen aus den Kindergärten, aus denen die Kinder kamen, übten schon vorher die Lieder für den Gottesdienst ein und natürlich waren auch Eltern bei praktischen Vorbereitungen und beim Vortrag von Gottesdienstelementen (Fürbittgebet, Lesungen etc.) aktiv.

Christa Gerold und Wolfgang Loos

Theologie des Erzählens

Es wird erzählt ...

Erzählt wird, seit es Menschen gibt. Es ist einer unserer Wege zur Verständigung. Erlebnisse und Erfahrungen werden in Worte gefasst und weitergegeben. Damit vermitteln wir Botschaften, Nachrichten, Geschichten.
»Im Netz seiner Geschichten fängt der Erzähler alles ein: Die Kunde von vergangenen Geschehen, Wahrheit, Heldentum, Religion, Philosophie, Moral, Liebe.« (Barry Sanders)
Das Netz der biblischen Geschichten beider Testamente der Bibel fängt die Geschichten Gottes mit den Menschen und die Geschichten der Menschen mit Gott ein. Theologie hat es immer mit diesen Geschichten zu tun. Die Lehre von Gott, dem Schöpfer und Erhalter, von Jesus, dem Wanderprediger, vom Heiligen Geist, der lebendigen Kraft Gottes, lebt in den Erfahrungen der Menschen über Jahrtausende. Aber am Anfang war nicht die Dogmatik, sondern die Geschichte. Die großen Erfahrungen und Gefühle der Menschen haben durch die Zeiten immer neue Storys bekommen. In ihnen melden sich die großen Themen der Menschen, wie Liebe und Hass, Angst und Mut, Sorge und Zuverlässigkeit, Zeit und Ewigkeit, Zweifel und Gewissheit, zu Wort.
Nico ter Linden, der holländische Theologe und Journalist, begann 1995 die Geschichten der Bibel neu zu erzählen. Er wollte keine weitere, neue Übersetzung, sondern nach- und neu erzählen.
Er ist überzeugt, dass die Schönheit und der Tiefgang des Menschlichen in den Texten der Bibel selbst verborgen sind. Sie wollen neu entdeckt und entschlüsselt werden. Ter Linden formuliert treffend den Sinn des Erzählens, wenn er im Vorwort zu seinem ersten Band schreibt:

»Ich erzähle eine uralte Geschichte, die andere vor langer Zeit erzählt haben, und seitdem – von damals bis heute, über zwei Jahrtausende – erzählt und weitererzählt wurde. Es ist eine Geschichte, die vielen Menschen rätselhaft, dunkel und fremd geworden ist, eine Geschichte, die vielerorts ihre Sprache verloren hat. Und doch: Viele haben von ihr gehört, einem Gerücht gleich, das die Runde macht. Es ist, als riefe eine leise Stimme, von weit her; als werde etwas erzählt, über das man munkelt, dass es bedeutend sei. Ganz so, als erzähle man sich etwas hinter vorgehaltener Hand, vorsichtig, schüchtern und leise. Etwas, das vielleicht doch der Mühe wert sein könnte: »Hast du gehört ...? Es wird erzählt ...« (Linden, Nico ter: Es wird erzählt ...: von der Schöpfung bis zum Gelobten Land, Gütersloh 1998)

Der unauflösbare Zusammenhang von Erzählen und Zuhören wird deutlich. Die Erzählenden brauchen die Zuhörenden. Jede Gemeinschaft braucht Geschichtenerzähler.

Mit verschiedenen Stilmitteln erzählen

In den vorliegenden Schulanfangsgottesdiensten wird in den Verkündigungsteilen versucht, mit verschiedenen Stilmitteln dem Erzählen der biblischen Geschichten Raum zu geben.

Alltagsgeschichten zum Thema »Hand«

In dem Gottesdienst mit dem Thema »Hände spüren« gibt das Symbol »Hände« den Ton für die Erzählung an. Anhand des Symbols werden Alltagsgeschichten entwickelt, die dicht an der Erfahrungswelt der Zuhörenden liegen. Sie können während der Verkündigung unmittelbar mit Aktionen gestaltet werden. Das biblischen Bild aus Psalm 139,5 »Von allen Seiten umgibst du (Gott) mich und hältst deine Hand über mir ...« und aus Markus 10,16 »... und er (Jesus) herzte sie (die Kinder) und legte die Hände auf sie und segnete sie.« wird mit den Geschichten vernetzt und in Aktionen der Teilnehmenden inszeniert. Das Symbol wird in der Geschichte lebendig und sofort nachvollziehbar.
Unsere Tradition gebietet, die Hand der Mutter, der Lehrerin und die Hand Gottes zu unterscheiden. Darum bleibt der biblische Bezug bedeutsam.
Diese Bezüge wollen in die Erfahrungen der Hörenden hinein buchstabiert werden. Sie locken die Erfindungskunst, Geschichten zu erfinden. Die Erzählenden können dabei offen gestehen: »Ich habe mir ausgedacht ...«

Ein Lebensbuch zum Schulanfang

Die Erzählung im Gottesdienst unter dem Thema: »Ein kleines Lebensbuch zum Schulanfang« nimmt eine ähnliche Struktur auf. Psalm 139,5+16 *(Vers 5: »Von allen Seiten umgibst du (Gott) mich und hältst deine Hand über mir«. Vers 16: »Deine (Gottes) Augen sahen mich, als ich noch nicht bereitet war, und alle Tage waren in dein Buch geschrieben, die noch werden sollten und von denen keiner da war«.)* geben die Symbole »Seiten« und »Buch« an.
Um das sichtbare Zeichen eines Lebensbuches rankt sich die Erzählung, in der die gestalteten Seiten des Lebensbuches aufgenommen werden.

Die Glocke lädt ein

Im Gottesdienst unter dem Thema »Kommt, ihr seid geladen« wird der umgekehrte Weg beschritten. Aus dem biblischen Text heraus wird ein Symbol entwickelt. Die Szene Matthäus 18,1–3 lautet: *»Zu derselben Stunde traten die Jünger zu Jesus und fragten: Wer ist doch der Größte im Himmelreich? Jesus rief ein Kind zu sich und stellte es mitten unter sie und sprach: Wahrlich, ich sage euch: Wenn ihr nicht umkehrt und werdet wie die Kinder, so werdet ihr nicht ins Himmelreich kommen.«*
In der Szene kommt das Symbol »Glocke« überhaupt nicht vor. Erst im Gestaltungsprozess, in dem aus dieser kleinen Szene eine Geschichte wird, zeigt sich das ausdrucksstarke Symbol der Glocke. Die Erzählung bleibt dicht an der biblischen Szene. Aber die Bibel will weiter gesponnen und weiter erzählt werden.

Die Erzählung öffnet Raum für das Mysterium (Geheimnis)

Diese Struktur wird auch im Gottesdienst »Segenskraft ist Lebenskraft« nachvollziehbar. Ausgehend von der Verheißung des Segens an Abram 1. Mose 12,2 (Gen 12,2) *»... ich will dich segnen und du sollst ein Segen sein«* wird mit dem Symbol des »Segenskästchens« die Erzählung von den beiden Schulanfangskindern Paula und Friedemann »erfunden«. Die Geschichte nimmt die unterschiedlichen Gefühle von Spannung und Furcht der Kinder beim Schulanfang auf. Sie öffnet Raum für das Mysterium des Segens.

Erzählen verbindet sich mit Bewegung

Der Gottesdienst »Dein Stecken und Stab trösten mich« orientiert sich an dem vertrauten Psalm 23. Der Psalm wird mit fünf Bildern dargestellt, die der Grundlage der Geschichten dienen. Das Stilmittel der Begehung (Prozession) vertieft das Zuhören. Das Erzählen geschieht in einem Prozess der körperlichen und geistigen Bewegung. Der Weg von einem Bild zum anderen beteiligt die Zuhörenden verstärkt an der Geschichte. Ein Weg, der begangen wurde, kann man zurück gehen. Er kann aber nicht rückgängig gemacht werden. Eine Theologie des Erzählens lebt von der Bewegung und Begegnung. Gute Geschichten wollen gehört und inszeniert werden, möglichst von Erzählenden und Zuhörenden.

Das Symbol selbst erzählt

In dem Gottesdienst »Leben unterm Regenbogen« wird das biblische Symbol selbst zum Erzähler. »Der Regenbogen weiß eine uralte Geschichte ...« und er erzählt. Der/die Erzählende braucht für diese Struktur eine Bereitschaft zur Verwandlung, d.h. er/sie denkt und fühlt sich in das Symbol hinein und spricht sich selbst mit seiner/ihrer übernommenen oder ausgedachten Geschichte als Symbol aus. In der hier vorliegenden Erzählung wird die Noah-Geschichte mit dem Regenbogen verknüpft.

Das Symbol kann oft schon unmittelbar der biblischen Geschichte entnommen werden

Die Erzählung in dem Gottesdienst unter dem Thema »Gott, dein guter Segen ist wie ein großes Zelt« ist ein klassisches Beispiel der Nach- und Neuerzählung einer biblischen Geschichte. In 1. Mose 12,1–3 (Gen 12,1–3) werden die Symbole des Aufbruchs in ein neues Land und die Zusage der Segnung in der Erzählung aufgenommen und entwickelt.
Ähnlich wird im Gottesdienst »Fürchte dich nicht, ich bin mit dir ...« die biblische Geschichte (Lukas 5,1–11) erzählt. Das Thema wird mit dem Symbol des Bootes, in das die Schulanfangskinder real einsteigen können, erfahrbar gemacht. Die Zusage an Simon Petrus »Fürchte dich nicht ...« (Lukas 5,10b) wird zum Mittelpunkt der Erzählung und mit der Situation des Schulanfangs verbunden.

Eine außerbiblische Geschichte wird mit einem Bibelwort verknüpft

Beim Thema »Gott trägt uns wie in einem Tuch« bleibt das direkte Bibelwort eher im Hintergrund. Die Erzählung wird an der außerbiblischen Geschichte vom »Meister Eder und seinem Freund Pumuckel« entwickelt. Inhaltlich wird die Vorstellung aus Jesaja 61,10 *(»Ich freue mich im Herrn und meine Seele ist fröhlich in meinem Gott; denn er hat mir die Kleider des Heils angezogen und mich mit dem Mantel der Gerechtigkeit gekleidet ...«)* als Tuch-Geschichte entfaltet. Die Symbole »Kleider des Heils« und »Mantel der Gerechtigkeit« spielen in der Erzählung eine zentrale Rolle.
Eine vergleichbare Struktur wird mit der Fabel »Swimmy« angewandt. Auch hier bleibt das biblische Wort (Jesaja 43,1+2) im Hintergrund, findet aber in der Erzählung ihren inhaltlichen Ausdruck.
Der Fisch mit Namen »Swimmy« wird furchtlos gegen das Bedrohliche.
Der Bibeltext *»Fürchte dich nicht, denn ich habe dich erlöst; ich habe dich*

bei deinem Namen gerufen; du bist mein! Wenn du durch Wasser gehst, will ich bei dir sein, dass dich die Ströme nicht ersäufen sollen; und wenn du ins Feuer gehst, sollst du nicht brennen, und die Flamme soll dich nicht versengen ...« geht zunächst in der Fabel unter und taucht dann wieder erkennbar auf.

Die Verknüpfung mit der christlichen Glaubensaussage erfolgt durch die Gestaltung der Liturgie als Ganzer

Bei der Nacherzählung der Fabel »Frederick« unter dem Thema: »Worte, die das Leben warm und bunt machen«, wird auf den biblischen Bezug verzichtet. Nur am Schluss wird an Psalm 139,5 erinnert. Diese Form stellt ein Wagnis dar und will in einem christlichen Gottesdienst verantwortet werden. Wie bei jeder Erzählung, ist in dieser Struktur besonders auf die Gefühle, Stimmungen, Atmosphäre und den Kontext zu achten. Was sagen die Lieder, die Gebete, die Lesungen zu dem Thema und dem Symbol eines Gottesdienstes authentisch über den christlichen Glauben aus? Wie wäre die Fabel theologisch-systematisch zu interpretieren?
Anstelle einer außerbiblischen Geschichte wird im Gottesdienst »Gott sagt zu dir, ich hab dich lieb und wär so gern dein Freund! ...« das bekannte Kindermutmachlied als theologische Grundlage für die Erzählung angewendet. Die Erzählung wird mit einer kleinen Inszenierung des Theaterstückes »Vom Ernst des Lebens« eröffnet und dann mit dem Symbol des Freundschaftsbandes weiter entwickelt. Bei dieser Form ist wichtig, auf den inhaltlichen roten Faden zu achten. Die Geschichte muss das Theaterstück aufnehmen und die einzelnen Teile für die Zuhörenden nachvollziehbar miteinander in Verbindung bringen.

Eine »meditative Erzählung«

Abweichend von klassischen Erzählungen finden wir im Gottesdienst »Alles muss klein beginnen« eine »meditative Erzählung« nach Markus 4,30–32.
In dieser Stilform werden die Zuhörenden ganzheitlich beteiligt. Sie werden in der meditativen Erzählung selbst zur Identifikation mit dem Symbol »Samenkorn« geführt. Für die Struktur eines größeren Schulanfangsgottesdienstes mit mehr als 50 Kindern kann diese Form schwierig werden, weil sie ein hohes Maß an Ruhe und Konzentration benötigt.

Entscheidend für die Entwicklung einer »Theologie des Erzählens« ist die Bereitschaft, sich in die Lebenswelt der Zuhörenden hinein zu denken und zu fühlen. Die Erzählenden brauchen geistliche Freiheit, biblische Geschichten weiter zu spinnen. Sie brauchen Mut, außerbiblisches Textmaterial theologisch zu bestimmen. Wer vom christlichen Glauben erzählt, braucht die Überzeugung, von einem wahren Geheimnis beseelt zu sein. Und schließlich lebt eine »Theologie des Erzählens« von der Begeisterung, der Geschichte Gottes mit den Menschen eigene Worte zu geben und diese zu inszenieren.

Wolfgang Loos

Die Bedeutung religiöser Symbole in der religionspädagogischen Arbeit

Viele Erfahrungen lassen sich nicht durch Worte allein vermitteln

Die Sprache der Bibel als Grundlage des christlichen Glaubens steckt voller Symbole in Worten und Zeichen. Diese Sprache religiöser Erfahrungen, wie sie uns in den Texten der Bibel, in liturgischen Texten und oft auch in Kirchenliedern begegnet, weist auf eine Wirklichkeit hin, die nicht unmittelbar erfasst werden kann. Hier bedarf es der Sprache des Symbols, symbolischer Handlungen und konkreter Erfahrungen im Umgang mit dem Symbol, um das Dahinterliegende zu entschlüsseln und durchsichtig zu machen.

Freundschaft oder Liebe ist schwer durch Worte allein zu vermitteln. Sie kann nur erfahren werden. Im Gottesdienst zum Thema »Freundschaft« wird z.B. die Geschichte vom »Ernst des Lebens« erzählt. Sie berichtet von einer beginnenden Schulfreundschaft, die dann durch das Symbol des Freundschaftsbandes eine sichtbare Ausformung erhält. Dieses Symbol, das im Gottesdienst allen Schulanfängern mitgegeben wird, damit sie es am Handgelenk tragen können, erinnert einmal an die Freundschaft von Ernst und Annette in der Geschichte, ist gleichzeitig aber ein Zeichen für Freundschaft schlechthin und lässt in der Situation des Schulanfangs die Möglichkeit (Wahrscheinlichkeit) von Freundschaftserfahrungen in der neuen Lebenssituation Schule zu.

Ein Symbol ist niemals eindimensional, es hat keine klar umrissene Gültigkeit, sondern ist offen für die je eigenen Erfahrungen. Die Aussage »Gott sagt zu dir, ich hab dich lieb, ich wär so gern dein Freund ...« kann durch das Symbol durchsichtig und verständlich gemacht werden. Immer verbindet es etwas Konkretes, Gegenständliches mit einer ungegenständlichen Wirklichkeit, die nicht durch Belehrung und Wissen, sondern durch Erfahrung und Tun verinnerlicht wird. Die Wirkung der Symbole reicht in die Gefühlswelt, d.h. in die Tiefe der Seele (vgl. Hubertus Halbfas, Religionsunterricht in der Grundschule, Lehrerhandbuch Bd. 1, S. 257).

Symbole ermöglichen die Verflechtung biblischer und eigener Erfahrungen

Die in den Gottesdiensten verwendeten Symbole stammen alle aus dem kindlichen Erfahrungsbereich. Hier werden sie zusammengefügt (Symbol stammt vom griechischen Wort symbàllein = zusammenwerfen, -fügen, -flechten) mit dem Tun der Kinder. Deshalb ist es wichtig, dass man den Weg, der zum 23. Psalm im Gottesdienst »Dein Stecken und Stab trösten mich« beschrieben wird, auch geht, dass man in das Boot einsteigt, sich unter dem Zelt versammelt und den Samen in den Blumentopf einpflanzt, damit man das Wachsen beobachten kann. Mit dem Tun verbunden ist die Sprache. Im Boot, unter dem Zelt, werden die Geschichten aus der Bibel erfahrbar. Die aufgeschriebenen Erfahrungen aus alten Zeiten verbinden sich mit den eigenen Erfahrungen und können vielleicht zu eigenen religiösen Erfahrungen werden.

Sprache und Symbol gehören zusammen. Sie ergänzen sich gegenseitig. Wenn die Kinder unter dem großen Zelt sitzen, einer Zeltgeschichte von Abraham und Sarah zuhören, singen »Gott dein guter Segen ist wie ein großes Zelt«, im Fürbittengebet die Schule als ein großes Zelt bezeichnen, wo alle Platz finden und sich wohlfühlen sollen, und dann mit einem kleinen Zelt in der Hand nach Hause gehen, dann kann vielleicht durch dieses Symbol die Oberfläche unserer Wahrnehmung aufgebrochen und eine dahinter verborgene Wirklichkeit erahnt werden. Halbfas nennt deshalb »Symbole die einzige Sprache, in der sich religiöse Wirklichkeit unmittelbar ausdrücken kann«. (Hubertus Halbfas, Religionsunterricht in der Grundschule, Lehrerhandbuch Bd. 1, S. 257)

Symbole können auch im Alltag der Schule weiter wirken

Das Symbol reicht über den Gottesdienst hinaus und wirkt weiter in der Schule und zu Hause. Nicht nur, dass aus unseren Gottesdiensten immer etwas Konkretes mitgenommen wird (Stab, Regenbogen, Klammermaus, Lebensbuch, Tuch usw.), sondern das Symbol geht oft mit in die neue Welt der Schule. Der Baum, an den die Blätter mit den Namen der Erstklässler gehängt wurden, steht im Eingangsbereich der Schule, ebenso der große Swimmy-Fisch, der aus vielen kleinen Schulanfänger-Swimmy-Fischen entstanden ist. Die Tonglocken aus dem Gottesdienst »Kommt, ihr seid gerufen« haben ihre Funktion im Unterricht und bleiben die ganze Grundschulzeit über im Klassenraum. Der große, mit Gas gefüllte Luftballon, auf dem alle Namen der Kinder dieser Klasse stehen, schmückt eine Zeit lang das Klassenzimmer und erinnert an die Segenskraft, die allen zugesagt ist.
Auf die Frage, ob bereits den Sechs- und Siebenjährigen ein elementares Symbolverständnis abverlangt werden kann, antwortet Halbfas: »Hier werden die Fundamente gelegt! Hier findet ein religionsdidaktisches Denken seinen Ausgangspunkt! Hier fallen Entscheidungen über das Niveau der religiösen Bildung. Dabei ist hier nicht zu verfrühen.« (Hubertus Halbfas, Religionsunterricht in der Grundschule, Lehrerhandbuch Bd. 1, S. 259)
Ganzheitlich gestaltete Schulanfangsgottesdienste in Zusammenarbeit von Schule und Kirchengemeinde sind eine religionspädagogische Chance, die man nicht ungenutzt lassen sollte. Die Symboldidaktik hat seit längerer Zeit einen festen Platz gerade im Religionsunterricht der Grundschule. Sie ist ein ganzheitlicher Prozess, der Schweigen und Handeln, Erzählen und Spielen, Arbeiten und Feiern, Text, Bild und Musik umgreift.
Diesen religionspädagogischen Grundlagen sahen wir uns bei der Gestaltung der Schulanfangsgottesdienste verpflichtet.

Christa Gerold

Literatur: Halbfas, Hubertus, Religionsunterricht in der Grundschule, Lehrerhandbuch 1–4, Benziger und Patmos, 1. Auflage 1983

Rituale im Schulanfangsgottesdienst

Begrüßungsritual

Die Begrüßung der Schulanfangskinder in den vorliegenden Gottesdiensten beinhaltet durchgängig ein *Ritual der Wertschätzung.* Die Kinder werden aufgefordert, auf die Kirchenbank (Kirchenstühle) zu steigen. Damit sind sie größer als die Erwachsenen. Mütter, Väter, Großmütter und Großväter, alle anderen müssen an den Schulanfängern »hoch schauen«. Ein kurzer, praktischer Perspektivenwechsel.

Das Lebensgefühl der Kinder heißt: Ich bin jetzt groß. Ich komme in die Schule.

Beim Stehen auf der Kirchenbank (den Kirchenstühlen) können sie für eine Minute alles überblicken. Sie bekommen Applaus von der Gemeinde in der Kirche. Sie erfahren sich geachtet, gewollt und bewundert.

Gleichsam gilt dieses Ritual den Müttern und Vätern. Sie haben ihrem Kind das Leben gegeben. Sie haben Sorge für ihre Tochter, für ihren Sohn getragen. Sie spüren im Schulanfangsgottesdienst – trotz unterschiedlicher religiöser Verbundenheit – Dankbarkeit und Stolz. Beides wird angesichts der »aufrecht stehenden Kinder« benannt und gewürdigt. Das Gefühl von Glück und Sehnsucht der Eltern wird im Horizont des christlichen Glaubens gedeutet.

Der hervorgehobenen biblischen Bedeutung der Kinder wird mit dieser Begrüßung Raum gegeben. Nach Matthäus 18,1ff nimmt Jesus ein Kind, hebt es hoch und stellt es als Glaubensvorbild in die Mitte seiner Verkündigung.

Segnung der Schulanfangskinder mit Handauflegung

An der Schwelle zu einem neuen Lebensabschnitt hat der persönlich zugesprochene Segen in der Tradition der christlichen Kirchen einen rituellen Raum. Er ist verbunden mit der individuellen Namensnennung, einer gesprochenen Segensformel, der Handauflegung und dem Kreuzzeichen.

Theologisch wird die Segenshandlung als persönliche, spürbare Zu-Gabe Gottes verstanden, als eine *Weiter-Gabe* der Kraft des Himmels im Namen des Dreieinigen Gottes.

In jedem Schulanfangsgottesdienst werden die Kinder gebeten, in den Altarraum der Kirche zu kommen. Sie bekommen ein Symbol überreicht, das im Gottesdienst inhaltlich entfaltet wurde. Bevor sie auf ihre Plätze zurück gehen, werden sie gesegnet. Die Segenshandlung ist freiwillig. Sie wird deutlich vorher angesagt und die Art und Weise wird verstehbar erklärt. Die Kinder öffnen sich unbefangen dem Geheimnis des Segens und dem Unaussprechbaren. Sinnvoll ist, wenn dieses Ritual im Gottesdienst mit der Erzählung, mit der Lesung, dem Gebet oder mit Aktionen im Zusammenhang steht.

An der Segenshandlung selbst werden außer den Pfarrerinnen und Pfarrern auch andere beteiligt: Lehrerinnen und Lehrer, Erzieherinnen und Erzieher, Mütter und Väter.

Als Grundmotiv für die Beteiligung wird etwa 1. Mose 12,2 (Gen 12,2) kommuniziert: *»Ich (Gott) will dich segnen und du sollst ein Segen sein.«*

Christinnen und Christen, die bereit sind, in diesem Sinn als Segnende mitzuwirken, bereiten sich mit den Verantwortlichen für den Gottesdienst auf die Handlung vor. Die Mitwirkenden werden im Gottesdienst mit Namen vorgestellt.
Vor der Handauflegung fragen die Segnenden nach dem Namen des Kindes. Sie legen ihre Hände sanft an die Seite des Kopfes, sprechen den Namen und die Segensformel, z.B.:
N.N. Gott segne und behüte dich!
und zeichnen, je nach Absprache, mit dem Zeige- und Mittelfinger vorsichtig das Kreuzzeichen auf die Stirn des Kindes. (Weitere Beispiele für Segensformeln sind in den einzelnen Gottesdienstmodellen zu finden.)
Empfehlenswert ist für die Segnenden, sich auf Augenhöhe mit den Kindern zu begeben, also in die Hocke zu gehen. Auf jeden Fall sollte ein warmherziger Blickkontakt mit jedem Kind hergestellt werden, damit es sich gütig angesehen erfährt. Kinder, die sich vor der Handauflegung scheuen und nicht gesegnet werden wollen, werden mit einem ebenso liebevollen Blick auf ihren Weg begleitet.

Wolfgang Loos

Hände spüren

Theologische und religionspädagogische Überlegungen

Die Erfahrungen mit den eigenen Händen und mit denen anderer Menschen sollen in diesem Gottesdienst bewusst gemacht werden. Ich kann mit meinen Händen vieles tun: anfassen, malen, bauen, spielen, streicheln, klatschen, winken, abwehren, heranholen, schlagen, boxen, wehtun. Ich erfahre, dass die Hände von anderen Menschen mich anfassen, führen und beschützen, aber auch festhalten, mich schlagen und mir wehtun können.
Hände können spüren, Hände können etwas erspüren.
An vielen Stellen der Bibel, sowohl im Alten als auch im Neuen Testament, ist von der Hand Gottes die Rede. Sie schafft die Welt und wirkt in der Welt, sie weist den Weg, sie schützt und behütet, sie führt. Die Metapher »die Hand des Herrn ist mit ihm« (z.B. Lukas 1,66; Apostelgeschichte 11) soll darauf hinweisen, dass Gott bei den Menschen ist, dass er Anteil nimmt an ihrem Leben.
Beide Aspekte – meine Hände und Gottes Hände für mich – sollen im Gottesdienst deutlich werden. Durch die Lieder »Singt mit mir und klatscht in die Hände« und »Gott hält die ganze Welt in seiner Hand«, die beide mit dem Tun der Hände begleitet werden, wird dies ganzheitlich erfahrbar.
Das Aufmalen der eigenen Hand auf den Gottesdienst-Begleitzettel ist eine weitere hand-werkliche Vertiefung. Der bunte Filzstift wird als Erinnerung an diese Aktion mitgenommen. Er bleibt bei den Schulsachen und stiftet die Verbindung zur neuen Lebenssituation, der Schule.
Die Schulkinder kommen zum Segen in den Altarraum. Sie fassen sich an den Händen und spüren den Nachbarn. Sie spüren aber auch beim Segen die Hand der Segnenden, die ihnen den Segen Gottes – die segnende Hand Gottes – zusagen.

Vorbereitungen

Denkzettel für die Vorbereitung

- ▷ Der Gottesdienst verlangt wenig Vorbereitungen. Genügend bunte, gut malende Filzstifte müssen bereitgehalten werden, um zu gegebener Zeit an die Kinder verteilt zu werden.
- ▷ Die Lieder werden rechtzeitig den Kindergärten mitgeteilt, damit sie den Kindern schon bekannt sind und sie diese auch mitsingen können.
- ▷ Die neuen Erstklassenlehrerinnen und -lehrer werden gefragt, ob sie am Gottesdienst teilnehmen und bei der Organisation mithelfen wollen und ob sie vielleicht einen Gebetsteil übernehmen würden.
- ▷ Zwei Elternteile und ein Schulkind der 3. oder 4. Klasse (evtl. ein Geschwisterkind eines Schulanfängers) werden gefragt, ob sie ein Fürbittengebet übernehmen wollen.
- ▷ Je nach Anzahl der Schulanfänger und der Größe des Kirchenraumes ist zu überlegen, wie der Segenskreis zu organisieren ist.

■ Ablauf des Gottesdienstes

Fröhliche Orgelmusik zur Begrüßung in der Kirche

Begrüßung

Liebe Mädchen und Jungen, die heute in die Schule kommen.
Euch begrüße ich jetzt hier in der Kirche ganz besonders.
Dies ist euer Tag und euer Gottesdienst!
Ihr sollt das jetzt richtig merken, wie wichtig und groß ihr seid.
Ihr dürft etwas machen, was wir nur heute in der Kirche tun:
Stellt euch einmal auf die Bank, auf der ihr sitzt, damit wir euch alle sehen können.
Wir freuen uns, dass ihr so groß geworden seid.
Wir freuen uns und darum klatschen wir jetzt für euch.
(In die Hände klatschen und die Schulanfangskinder ehren.)
Jetzt setzt euch wieder.
Mit dem Klatschen freuen wir uns über euch.
Hier in der Kirche loben wir Gott, wenn wir in unsere Hände klatschen.
Das wollen wir auch gemeinsam mit einem Lied tun.
Das geht einfach und macht Spaß.
Ich singe es einmal vor: »Singt mit mir und klatscht in die Hände ...«

Alle singen:

Singt mit mir und klatscht in die Hände,
singt mit mir und klatscht in die Hände,
singt mit mir und klatscht in die Hände,
denn: Gott hat uns lieb.
(Melodie nach dem Spiritual »Rock my soul«. Deutscher Text: Verfasser unbekannt)

Überleitung zum Gebet

Nun haben wir unsere Stimmen gehört und unsere Hände gespürt.
Jetzt wollen wir ganz still werden, unsere Hände falten, sie in den Schoß legen und beten:

Gebet

Komm, guter Gott, mit deinen Händen zu unseren Händen.
Komm mit deiner Stimme in unsere Herzen, dass wir spüren:
Du bist bei uns und mit uns auf diesem Weg in die Schule.
Herze uns, segne uns, das bitten wir im Namen Jesu.
Amen.

Lesung: Markus 10,13–16

Lied: »Weißt du wie viel Sternlein stehen ...« (EG 511, LJ 305, KG 19)

Erzählung mit Aktionen

Erzählung und Aktionen zum Thema und Bibeltext

Liebe Schulanfängerinnen und Schulanfänger, liebe Mütter und Väter,
liebe Gemeinde,
auf der Innenseite des Liederzettels sehen wir ein großes freies Feld.
Darüber steht: »Das ist meine Hand an meinem ersten Schultag«.
Ja, zeigt mal eure Hand. Hebt sie hoch und winkt damit.

Von unseren Händen und von Gottes Hand möchte ich heute reden. Aber bevor ich davon rede, bekommt jede und jeder von euch einen Filzstift von uns geschenkt.
Den dürft ihr nachher in eurem Ranzen mit nach Hause nehmen. Zuerst sollt ihr ihn aber benutzen und eine eurer Hände auf dieses leere, freie Feld auf dem Blatt legen.
Um die Hand herum malt ihr mit dem Filzstift.
In die Hand schreibt ihr dann euren Namen, denn es ist ja eure Hand und sonst keine.
Das Bild mit eurer Hand könnt ihr dann auch mit nach Hause nehmen.
So, und jetzt bekommt ihr die Filzer.

● *Aktion: Malen der Hände*

Hebt einmal euer Blatt hoch.
Prima!
Viele verschiedene, bunte Hände.
In der Schule werden eure Hände ganz wichtig sein.
Lasst uns mal überlegen, was ihr damit machen könnt.
(Mit den Kindern sammeln, z.B.: schreiben, Ranzen packen, einen anderen wegstoßen, einer anderen die Hand reichen, einem auf die Schulter klopfen und sagen: Du bist mein Freund, meine Freundin. Eine Faust machen. Mit den Fingern knipsen und fröhlich sein.)

Heute, an diesem Tag, finde ich auch wichtig, dass wir von anderen Händen erzählen.
Von Händen, die ihr kennt:
Die Hände eurer Mutter.
Die Hände eures Vaters.
Die sind größer, als eure.
Probiert das mal aus.
Legt sie mal aufeinander.

● *Aktion: Hände aufeinander legen*

Das ist gut, dass die Hände eurer Mütter und Väter größer sind.
So können sie euch beschützen, dass ihr euch sicher fühlt, wenn Gefahr kommt.
So können sie euch in den Arm nehmen, wenn ihr Angst habt.
Ich bitte die Eltern, jetzt ihr Kind ihre Hand spüren zu lassen, indem sie es in den Arm nehmen.

● *Aktion: Kinder in den Arm nehmen*

So haben die Hände von Vater und Mutter euch bis heute oft gesagt:
Du gehörst zu mir.
Ich habe dich lieb.
Wir sorgen für dich.
Wir sind für dich da.

Wir wissen, liebe Eltern, mit dem Schulanfang müssen erneut unsere Hände die Kinder loslassen.
Wir müssen unsere Kinder anderen Händen anvertrauen.
Darum sind auch die Hände der Lehrerinnen und Lehrer wichtig.
Ich bitte sie, einmal ihre Hände hochzuheben und zu zeigen.

● *Aktion: Lehrerinnen und Lehrer heben ihre Hände*

Für sie beten wir heute Morgen, dass sie eine geschickte Hand für die neuen Schülerinnen und Schüler finden.
Eine offene Hand, die jedes Kind, so wie es geworden ist, annehmen kann.
Eine zärtliche Hand, die jedes Kind ernst nehmen kann in seinem Bedürfnis nach Geborgenheit.

Wir erzählen von unseren Händen.
Ein wunderbares Geschenk.
In der Bibel haben wir eben von den Händen Jesu gehört.
Wie er sie den Kindern segnend auf den Kopf legt.
Im ersten Teil der Bibel steht auch etwas von der Hand Gottes:
»Du, Gott, hältst deine Hand über mir.
Von allen Seiten umgibst du mich ...«
(Psalm 139)

Gottes Hand können wir nicht sehen, aber manchmal spüren wir sie:
Ich denke, wenn euch mit euren Händen ein schöner Schwungbogen endlich gelungen ist und ihr euch riesig freut.

Gottes Hand spüren wir manchmal, wenn wir Angst haben, den Klassenraum nicht mehr zu finden. Wenn dann jemand kommt, uns an die Hand nimmt und sagt: »Ich bin bei dir, ich zeige dir den Weg in deine Klasse.«

Gottes Hand spüren wir manchmal, wenn uns etwas aus der Hand gefallen ist.
Etwas Teures, was kaputt gegangen ist.
Und dann kommt jemand und tröstet uns und schimpft nicht.

Gottes Hand spüren wir manchmal, wenn jemand kommt, uns an die Hand nimmt und sagt: »Ich will deine Freundin, dein Freund sein«.
Ich glaube, das ist ganz wichtig in der Schule, dass ihr Freundinnen und Freunde findet. Einen oder eine, die ihr an die Hand nehmen könnt, und mit der oder dem ihr gemeinsam den Schulweg gehen könnt.

Einander an die Hand nehmen, das wollen wir jetzt tun.
Ich bitte, dass alle Schulanfangskinder jetzt nach vorne kommen und hier im Chorraum einen großen Kreis bilden.
(Kinder kommen nach vorne, bilden einen Kreis und fassen sich dann zu folgenden Worten an der Hand.)

Ich bitte, dass ihr euch mit euren Händen hier im Kreis anfasst und dann etwas von der Hand Gottes spürt, die euch hält und trägt.
Euch und uns alle.
(Zeit zum Nachspüren lassen!)
Amen.

Lied mit Bewegung: »Er hält die ganze Welt in seiner Hand ...«
(LJ 517, KG 143 und in: »Komm in Gottes Schöpfungsgarten«, dem ersten Band der Reihe »Materialien zur Gemeindearbeit«, S. 119)

Bei »Er hält die ganze Welt«
beschreiben alle mit ihren Händen eine Weltkugel.
Bei »in seiner Hand«
werden die Hände als Schale offen nach vorne gehalten.
Entsprechende Bewegungen können leicht auch zu den anderen Strophen des Liedes gefunden werden.

Segnung der Schulanfangskinder
(Zur Gestaltung siehe »Rituale im Schulanfangsgottesdienst« S. 14)

Begleitet von einem Segenswort z.B.:
N.N., Gott segne und behüte dich.
Oder:
N.N., Gottes Hände schützen dich.
(Nach der Segnung gehen die Kinder zurück an ihre Plätze.)

Fürbittengebete

Pfarrerin/Pfarrer:
Gott, du unser guter Vater und unsere gute Mutter.
Heute merken wir: Wir sind nicht alleine.
Wir gehören als Kleine und Große zusammen
und gehen gemeinsam den ersten Schulweg.
Bleibe bei uns, wenn wir uns alleine fühlen
und lass uns deine Hand spüren, wenn wir unseren Weg gehen.
Darum beten wir und singen:

Herr, erbarme dich ...
(Nach einer der Gemeinde bekannten Kyriemelodie singen.)

Erzieherin:
Herr, viele dieser Schulanfänger waren vorher im Kindergarten.
Wir haben sie lieb gewonnen und wünschen, dass es ihnen gut geht.
Wir bitten, dass sie gute Freunde und Freundinnen
und verständnisvolle Lehrerinnen und Lehrer finden.
Darum beten wir und singen:

Herr, erbarme dich ...

Vater:
Herr, guter Gott, unsere Kinder kommen in die Schule.
Wir wissen nicht, wie sie zurechtkommen werden.

Wir bitten dich für unsere Kinder und ihre Freundinnen und Freunde:
Wir möchten, dass sie gern miteinander lernen, fröhlich spielen,
wenn es Streit gegeben hat, sich wieder vertragen, und sich zur Versöhnung
die Hand reichen.
Darum beten wir und singen:

Herr, erbarme dich ...

Mutter:
Herr, unsere Kinder werden mehr und mehr ihre eigenen Weg gehen.
Darüber freuen wir uns. Zugleich sind da neue Sorgen.
Wir müssen unsere Kinder immer mehr aus der Hand lassen.
Wir bitten dich, behüte und beschütze unsere Kinder,
halte deine Hand über sie.
Wir wollen Acht geben, dass wir ihnen unsere Hände reichen
und sie ansehen.
Darum beten wir und singen:

Herr, erbarme dich ...

Lehrerin/Lehrer:
Gott, neue Schülerinnen und Schüler kommen in unsere Schule.
Wie werden wir miteinander auskommen?
Wir sind gespannt.
Wir bitten dich: Hilf, dass wir ermutigende und hilfreiche Worte
füreinander finden.
Hilf, dass wir die Kinder mit guter Hand begleiten.
Darum beten wir und singen:

Herr, erbarme dich ...

Schülerin oder Schüler aus einer anderen Klasse der Grundschule:
Guter Gott, ich bin nun schon in der ... Klasse.
Das finde ich gut!
In der ersten Klasse war ich noch etwas ängstlich,
aber oft haben die Größeren mich an die Hand genommen. Das tut gut!
Hilf, dass die neuen Kinder sich bei uns wohlfühlen.
Darum beten wir und singen:

Herr, erbarme dich ...

Vater unser ...

Lied: »Nun danket alle Gott ...« (EG 321, GL 266, LJ 182, KG 156)

Aaronitischer Segen

Der Herr segne euch und behüte euch.
Der Herr lasse sein Angesicht leuchten über euch und sei euch gnädig.
Der Herr erhebe sein Angesicht auf euch und gebe euch Frieden.
(nach 4. Mose/Numeri 6,24–26)

Orgelspiel zum Auszug

Dein Stecken und Stab trösten mich

Theologische und religionspädagogische Überlegungen

Der bekannte Psalm 23 steckt voller Bilder und sprachlicher Symbole. Er beschreibt einen Weg, den ein Hirte mit seiner Herde geht. Es ist ein guter Hirt, dem das Wohl seiner Herde am Herzen liegt. Er sorgt sich um sie und führt sie dorthin, wo es ihr gut geht, auf grüne Aue, an frisches Wasser. Er beschützt sie. Mit seinem Hirtenstab wehrt er Gefahren ab, das gibt Vertrauen und Zuversicht, selbst wenn der Weg schwierig oder gar gefährlich wird.
Dieses Bild des guten Hirten ist ein Bild für Gott, so wie ihn der Psalmist in seinem Leben erfahren hat. Für die Umwelt des Volkes Israel, wo die umherziehenden Hirten mit ihren Herden eine Lebenserfahrung waren, ist es ein verständliches Bild. Die Aussage könnte so zusammengefasst werden: Du, Gott, gehe so mit uns um, wie wir als gute Hirten mit den uns anvertrauten Tieren. Oder: Wenn wir als Hirten schon so besorgt sind um unsere Herde und es so gut mit ihr meinen, um wieviel mehr sorgst du, Gott, für uns, die du liebst und die wir dein sind.
Der Evangelist Johannes bezieht später dieses Bild auf Jesus, wenn er ihn sagen lässt: »Ich bin der gute Hirte« (Johannes 10,11). Im Gleichnis des verlorenen Schafes wird dieses Bild nochmals ausgeweitet. Jedes Tier ist für den Hirten wichtig, besonders das verirrte (Lukas 15,4–7).
Den Kindern unserer Kleinstadt mit ländlichem Umfeld ist der Hirte mit der grasenden Schafherde, der auf den Deichen des nahen Hochwassergebietes umherzieht, bekannt. Sie können mit diesem Symbol etwas anfangen.
Jedoch enthält der Psalm noch eine Fülle von Bildern, die im Gottesdienst elementarisiert werden müssen. Da ist einmal der sorgende und beschützende Hirte, der den Weg kennt, der ihn mitgeht, auch wenn es schwierig oder gefährlich ist. Im Symbol des »Stabes« (Hirtenstabes) soll diese Sorge, die Verantwortung erkennbar werden.
Ein weiteres Symbol, das im Gottesdienst aufgenommen wird, ist der »Weg«.
Viele Wege gehen wir in unserem Leben. Die Schulanfänger beginnen einen neuen Weg, ihren Schulweg. Damit ist nicht nur die Straße gemeint, die sie von jetzt ab täglich zur Schule gehen, sondern der wichtige Lebensabschnitt, der beginnt.
Wir haben uns für die Aufnahme der Symbole »Weg« und »Stab« entschieden. Eine Prozession oder ein Pilgerweg durch die Kirche führt zu sieben verschiedenen Stationen, die mit Erzählungen ausgedeutet werden. Es sind dies:

— der Hirte mit seiner Herde
— die grünen Auen (grünen Wiesen)
— das frische, fließende Wasser
— der Weg
— die tiefe, gefährliche Schlucht
— das Überreichen des Stabes (Pilgerstab, Hirtenstab)
— die Segensstation, wo die Begleitung des liebenden und schützenden Gottes zugesagt wird.

Die ersten vier Stationen werden durch entsprechende Bilder, die von Schulkindern auf großflächige Plakate gemalt wurden, dargestellt.
Danach wird jedem Kind ein Stab überreicht, der mit farbigen Bändern aus Krepppapier umwickelt ist.
Der Segen »Gott schütze und behüte dich« bildet den Abschluss der Aktion, bevor die Kinder zu ihren Eltern zurückkehren.
Auf dem Weg gehen die neuen Lehrerinnen und Lehrer, soweit sie am Gottesdienst teilnehmen, die Erzieherinnen der Kindergärten, der Pfarrer oder die Pfarrerin mit. Ein Pilgerlied begleitet uns auf dem Weg.

Im gemeinsamen Segenslied zum Schluss wird die Bedeutung des Segens und das Symbol des Weges erneut aufgenommen und vertieft.

Denkzettel für die Vorbereitung

Vorbereitungen

- ▷ Auf die rechtzeitige Kontaktaufnahme und frühzeitigen Absprachen zwischen den Kirchengemeinden und Grundschulen ist zu achten.
- ▷ Die Bilder für den Stationsweg können gut im Religions- oder auch im Kunstunterricht von einer dritten oder vierten Klasse gemalt werden.
- ▷ Als Pilgerstäbe eignen sich Rundholzstäbe (ca. 1 cm Durchmesser) aus dem Baumarkt, die mit Krepppapierstreifen umwickelt werden. Diese Dinge sollten am Ende des vorigen Schuljahres bereits fertig sein und bereit liegen.
- ▷ Im Gottesdienst selbst sind ein paar Erwachsene (Lehrerinnen und Lehrer, Erzieherinnen etc.) nötig, die den Weg begleiten und ordnen.
- ▷ Der Weg wird so gewählt, dass die letzte Station (Segnung) im Altarraum stattfindet, wo mehrere Erwachsene die Hände auflegen und die Segensworte sprechen.
- ▷ Die Pilgerstäbe werden auf den Weg in die Schule und nach Hause mitgenommen.
- ▷ Zwei Elternteile und ein Schulkind der 3. oder 4. Klasse (evtl. ein Geschwisterkind eines Schulanfängers) werden gefragt, ob sie ein Fürbittengebet übernehmen wollen.
- ▷ Die Lieder werden rechtzeitig den Kindergärten mitgeteilt, damit sie den Kindern bekannt sind und sie mitsingen können.

■ Ablauf des Gottesdienstes

Der Gottesdienst

Fröhliche Orgelmusik zur Begrüßung in der Kirche

Begrüßung

Liebe Mädchen und Jungen, die heute in die Schule kommen.
Euch begrüße ich jetzt hier in der Kirche ganz besonders.
Dies ist euer Tag und euer Gottesdienst!
Ihr sollt das jetzt richtig merken, wie wichtig und groß ihr seid.
Ihr dürft etwas machen, was wir nur heute in der Kirche tun:
Stellt euch einmal auf die Bank, auf der ihr sitzt, damit wir euch alle sehen können.

Wir freuen uns, dass ihr so groß geworden seid.
Wir freuen uns und darum klatschen wir jetzt für euch.
(In die Hände klatschen und die Schulanfangskinder ehren.)
Jetzt setzt euch wieder.
Hier in der Kirche loben wir Gott, wenn wir in unsere Hände klatschen.
Gott loben, das wollen wir auch gemeinsam mit dem folgenden Lied tun.

Lied: »Geh aus mein Herz und suche Freud«

Text: Paul Gerhardt 1653
Melodie: August Harder vor 1813

Hilf mir und segne meinen Geist
mit Segen, der vom Himmel fleußt,
dass ich dir stetig blühe;
gib, dass der Sommer deiner Gnad
in meiner Seele früh und spat
viel Glaubensfrüchte ziehe,
viel Glaubensfrüchte ziehe.

Mach in mir deinem Geiste Raum,
dass ich dir werd ein guter Baum,
und lass mich Wurzel treiben.
Verleihe, dass zu deinem Ruhm,
ich deines Gartens schöne Blum
und Pflanze möge bleiben,
und Pflanze möge bleiben.

Gebet

Lieber Gott,
wenn etwas Neues beginnt, dann freuen wir uns. Wir sind gespannt, was uns da alles erwarten wird, wenn wir in der Schule sind.
Vor allem freuen wir uns heute über diesen ersten Schultag und das schöne Fest. Wir freuen uns, dass die Eltern, Großeltern und Geschwister da sind, die Kinder, die mit uns im Kindergarten waren und alle anderen Gäste.
Wir loben dich und danken dir, guter Gott.
Amen.

Lesung: Psalm 23,1-4

Erzählung und Aktionen zum Thema und Bibeltext

Erzählung mit Aktionen

Liebe Schulanfangskinder, liebe Mütter und Väter, Kinder in der N.N.-Schule haben fünf große Bilder für euch gemalt.
Die Bilder stehen an fünf verschiedenen Plätzen hier in der Kirche. Auf den Bildern sehen wir, was wir eben aus der Bibel gehört haben. Die werden wir uns gleich in einem Prozessionsgang durch die Kirche anschauen.

Nach dem fünften Bild kommt noch ein Platz. Da bekommt ihr was.
Nämlich einen Stab.
Einen bunten Gehstock für euren Weg in die Schule.
Dieser Stock soll euch an den Psalm erinnern:
»Gott, dein Stecken und Stab trösten mich.«
Dieser bunte Stab soll euch auf eurem Weg in die Schule sagen:
Gott geht mit euch, wenn ihr fröhlich seid und spielt.
Gott geht mit euch, wenn ihr traurig seid und weint.

Von diesem Glauben sollt ihr etwas spüren. Deshalb kommt noch ein Platz: Nummer Sieben.
Da bekommt jede und jeder von euch die Hand auf den Kopf gelegt und wir segnen euch.
Wir sagen: Der Herr segne und behüte dich.
Also zu sieben Plätzen führt uns jetzt unser Weg. Fünf sind zum Schauen. An einem bekommt jede und jeder von euch einen bunten Stab, und an einem spürt ihr den Segen.
Wir machen uns auf den Weg und singen:

Lied: »Wir gehen im Frieden«

Text: Verfasser unbekannt
Melodie: Andrea Brachwitz
Rechte bei den Autoren

(An den Stationen kann man die Kinder selbst in die Erklärung des jeweiligen Bildes einbeziehen. Wer aus räumlichen Gründen keinen Gang durch die Kirche machen kann, der zeigt die fünf Bilder nacheinander vom Altarraum aus.)

Erstes Bild *(Hirte und Schafe)*
Auf dem ersten Bild sehen wir den Hirten mit den Schafen.
Er steht ganz ruhig da.
Er passt gut auf seine Schafe auf.
Er kennt sie alle ganz genau, obwohl es so viele sind.
Die Schafe können sich Zeit nehmen, um Gras zu fressen, zu blöken und auszuruhen.

Sie wissen: Wir gehen nicht verloren.
Niemand von uns wird übersehen.
Ihr Schulanfängerinnen und Schulanfänger seid keine Schafe, aber ihr braucht in der Schule Menschen, die gut auf euch aufpassen.
In unserer großen Schule kann man sich verlaufen.
Ich habe mich da auch schon einmal verirrt.
Und wenn es dir auch so geht, dass du gar nicht mehr weißt, wo du hingehen musst, dann ist es schön, wenn eine Lehrerin oder ein Lehrer kommt oder ein anderes Kind aus der Schule und dich an die Hand nimmt und dir hilft, den richtigen Weg zu finden.
Das wollen wir jetzt auch hier einmal machen: uns gegenseitig an die Hand nehmen.

● *Aktion: Einander an die Hand nehmen*

Wenn wir in der Kirche sagen:
»Der Herr ist mein Hirte, mir wird nichts mangeln« (Psalm 23,1),
dann hoffen wir darauf, dass keine und keiner von euch in der großen Schule untergeht, dass ihr gut aufeinander aufpasst und euch an die Hand nehmt.

Zweites Bild *(grüne Wiese mit bunten Blumen)*
Auf dem zweiten Bild haben die Kinder die grüne Wiese mit vielen bunten Blumen gemalt.
Ja, die gibt es leider nicht in der Schule.
Euer Schulhof ist grau und nicht grün.
Das ist keine bunte Wiese. Das ist harter Asphalt. Gott sei Dank stehen ein paar schöne, dicke grüne Bäume auf dem Schulhof.
Vor ein paar Tagen bin ich über den Schulhof gegangen, als gerade Pause war.
Da spielten viele Kinder. Der graue Schulhof war ganz bunt. Die Schulkinder lachten, tobten und freuten sich, weil Pause war.
Aber mehr noch: Sie hatten Freude an ihrem Leben. Einige schlugen Rad, die anderen klatschten in die Hände.
Das wollen wir auch hier einmal machen:

● *Aktion: In die Hände klatschen*

Wenn wir in der Kirche sagen:
»Der Herr weidet mich auf einer grünen Aue« (Psalm 23,2a),
dann hoffen wir darauf, dass jedes Schulanfangskind sich jeden Tag über sein Leben freuen kann, dass der graue Schulhof in der Pause durch euch zur bunten Wiese wird.

Drittes Bild *(Wasser mit Fischen)*
Auf dem dritten Bild ganz dahinten sehen wir das frische Wasser mit herrlichen Fischen drin.
Das macht großen Spaß, im Sommer nach der Schule ins Schwimmbad zu gehen und ins Wasser zu springen.
Es macht auch Spaß, nach einem langen Schulweg, wenn der Mund ausgetrocknet ist, einen kalten Schluck Mineralwasser zu trinken.
Jeder und jedem von euch wird es gut tun, nach der Schule auszuruhen.
Natürlich so wie Kinder ausruhen.
Jeder und jedem von euch wird es gut tun, erfrischt zu werden.
Als Zeichen für die Frische, die wir alle jetzt haben, wollen wir hüpfen und in die Höhe springen.

● *Aktion: Kinder hüpfen und springen als Symbol für Erfrischung*

Wenn wir in der Kirche sagen:
»Der Herr, Gott, führt mich zum frischen Wasser ...« (Psalm 23,2 b),
dann hoffen wir heute darauf, dass jede und jeder von euch jeden Tag viel Zeit haben kann zum Ausruhen, wie Kinder ausruhen –
und nicht allzu lange an den Schularbeiten sitzen müssen.
Dass ihr Zeit zum Hüpfen und Springen habt.

Viertes Bild *(Weg mit Bäumen)*
Auf dem vierten Bild sehen wir einen breiten Weg.
Einen Weg, an dem schöne Bäume stehen.
Das ist euer Weg in die Schule.
Manche haben einen weiten Schulweg, andere eine kurzen Weg.
Auf eurem Weg in die Schule und in der Schule braucht ihr Menschen, die schon ein bisschen Bescheid wissen und euch an die Hand nehmen und mitnehmen.
Ich denke jetzt an eure Mütter, die euch schon so oft an ihre Hand genommen haben und mit euch gegangen sind. Sie sollen jetzt mal aufstehen und dann schaut ihr sie mal ganz lieb an und wir klatschen alle.

● *Aktion: Mütter stehen auf und lassen sich bewundern*

Die Mütter dürfen sich wieder setzen.
Ich denke an eure Väter, die sich mit euch Gedanken machen und nach guten Wegen suchen. Auch die dürfen jetzt aufstehen und sich bewundern und beklatschen lassen.

● *Aktion: Väter stehen auf und lassen sich bewundern*

Die Väter dürfen sich wieder setzen.
Heute denke ich besonders an eure Lehrerinnen und Lehrer, die in der Schule mit euch lernen wollen.

● *Aktion: Lehrerinnen und Lehrer stehen auf und lassen sich bewundern*

Wenn wir in der Kirche sagen:
»Der Herr, Gott, führt mich auf der richtigen Strasse ...« (Psalm 23,3 b),
dann, ja dann hoffen wir heute darauf, dass wir alle, die Kleinen und die Großen, Menschen finden, die miteinander einen guten Weg suchen und finden.

Fünftes Bild *(hohe Felswände und eine tiefe, dunkle Schlucht)*
Und das letzte Bild, dort links seht ihr es.
Das ist ganz dunkel. Hohe Felswände und eine enge, finstere Schlucht.
Wenn Menschen durch diese dunkle Schlucht hindurchgehen müssen,
bekommen sie Angst.
Das kennen wir auch:
Mütter und Väter haben Angst und machen sich Sorgen.
Hoffentlich schafft unser Junge, unser Mädchen das in der Schule.
Oder die Lehrerinnen und Lehrer:
Hoffentlich werde ich eine gute Lehrerin und ein guter Lehrer für diese Kinder sein.

Und ihr fühlt trotz aller Freude auch ein wenig von dieser Angst.
Du denkst:
Hoffentlich finde ich eine gute Freundin, einen guten Freund.
Hoffentlich werde ich von den älteren Schulkindern auf dem Schulhof nicht immer angerempelt oder rumgeschubst.
Solche Gedanken und Gefühle sind wie ein dunkles Tal, in dem man gar nicht richtig sehen kann.

● *Aktion: Hände vor die Augen halten*

Wenn wir hier in der Kirche sagen:
»... und ob ich schon wanderte im finsteren Tal,
Gott, dein Stecken und Stab trösten mich« (Psalm 23,4),
dann hoffen wir heute darauf, dass ihr auch in der Angst beschützt bleibt.
Dass da immer wieder jemand ist, der dich in die Arme schließt und tröstet:
Fürchte dich nicht.
Ich bin bei dir, hab keine Angst. Ich habe dich lieb.
Das ist das Allerwichtigste auf eurem Weg als Schulkinder,
und für uns Erwachsene auch.

An der sechsten Station wird den Kindern ein bunter Pilgerstab überreicht (s. »Denkzettel« S. 23).

Segnung der Schulanfangskinder

An der siebten Station (Altarraum) werden die Kinder einzeln gesegnet. (Zur Gestaltung siehe »Rituale im Schulanfangsgottesdienst« S. 14)

Segenswort: N.N., der Herr segne und behüte dich.
(Nach der Segnung gehen die Kinder zurück an ihre Plätze.)

Fürbittengebete

Pfarrerin/Pfarrer:
Herr, guter Gott, am Beginn des Schulweges unserer Kinder
bitten wir dich:
Begleite sie auf diesem Weg, beschütze sie und führe sie
wie der gute Hirte.
Lass sie Menschen finden, die mit ihnen gehen, sich mit ihnen freuen
und sie stärken, auch wenn es schwierig wird.
Darum beten wir und singen:

Herr, erbarme dich ....
(Nach einer der Gemeinde bekannten Kyriemelodie singen.)

Erzieherin:
Guter Gott, im Kindergarten haben wir versucht,
diese Jungen und Mädchen auf ihrem Lebensweg zu begleiten.
Jetzt übergeben wir diese Aufgabe an andere. Sie werden jetzt mit ihnen gehen, damit ihnen nichts mangelt und sie eine schöne und erfolgreiche Schulzeit haben.
Darum beten wir und singen:

Herr, erbarme dich ...

Vater:
Herr, guter Gott, unsere Kinder beginnen einen neuen Lebensabschnitt,
der für sie viele Erfahrungen bereithält,
schöne und auch nicht so schöne.
Wir vertrauen darauf, dass sie gerne in die Schule gehen,
ihren Neigungen entsprechend gefördert werden und gemeinsam mit
Freundinnen und Freunden für ihr Leben wachsen.
Darum beten wir und singen:

Herr, erbarme dich ....

Mutter
Gott, unser Vater und unsere Mutter, es fällt uns nicht immer leicht,
unsere Kinder wieder ein Stück mehr loszulassen,
doch wir wissen, wie wichtig es für sie ist.
Erhalte ihnen die Freude am fröhlichen und ausgelassenen Spiel,
die Freude am Ausruhen in Pausen und Freizeiten
und die Freude, deine schöne Welt immer besser kennen zu lernen.
Darum beten wir und singen:

Herr, erbarme dich ...

Lehrer/in:
Guter Gott, mit Freude und Spannung warten wir auf unsere neuen Schülerinnen und Schüler. Werden wir ihnen allen gerecht werden?
Jeder und jede ist einmalig und so von dir gewollt.
Wir werden uns bemühen und doch brauchen wir deine Hilfe,
um sie auf dem für sie richtigen Weg zu begleiten.
Darum beten wir und singen:

Herr, erbarme dich ...

Schülerin/Schüler:
Lieber Gott, ich bin schon einige Jahre in der Schule und kenne mich gut aus. Das war nicht immer so.
Als wir die Kleinen waren, waren wir oft unsicher und ängstlich.
Wir waren froh, wenn uns die Großen geholfen haben.
Jetzt wollen wir für die Neuen Hilfe sein, Freunde und Freundinnen,
die sie auch manchmal in Schutz nehmen.
Darum beten wir und singen:

Herr, erbarme dich ...

Vater unser

Lied: »Gott, dein guter Segen ist wie ein großes Zelt«
(LJ 382, KG 220 und in: »Komm in Gottes Schöpfungsgarten«, dem ersten Band der Reihe »Materialien zur Gemeindearbeit«, S. 122)

Aaronitischer Segen

Der Herr segne euch und behüte euch.
Der Herr lasse sein Angesicht leuchten über euch und sei euch gnädig.
Der Herr erhebe sein Angesicht auf euch und gebe euch Frieden.
(nach 4. Mose/Numeri 6,24–26)

Orgelmusik begleitet uns in die Schule und nach Hause.

Leben unterm Regenbogen

Theologische und religionspädagogische Überlegungen

Der Regenbogen als Naturphänomen ist bekannt und wird von Groß und Klein bewundert. Die Farben faszinieren. Schon immer löste der Regenbogen Staunen bei den Menschen aus, auch in unserer Zeit, wo wir in der Lage sind, die Entstehung naturwissenschaftlich genau zu erklären. Den Regenbogen ansehen, einen Regenbogen malen, Regenbogenlieder singen, das kennen fast alle Kinder schon aus der Kindergartenzeit.
Die Noah-Erzählung im Alten Testament ist eine Regenbogengeschichte. Die Erfahrungen der Menschen, 40 Tage abgeschieden in der Arche, 40 Tage nur Wasser, kein Land, keine Bäume, keine Hoffnung auf neues Leben, lässt die Angst und Sorge wachsen, dass Gott sie vergessen und allein gelassen hat. Die bange Frage kommt auf: Wird es noch einmal anders werden? Wird Gott, kann Gott uns aus dieser Lage erretten? Die erfolgte Rettung, neues Land, neues Grün, neue Hoffnung wird mit einem schönen, großen Regenbogen besiegelt.
Er wird zum sichtbaren Zeichen des Versprechens Gottes: Ich will euch nie vergessen. Ich werde immer zu euch stehen. Auf mich könnt ihr euch verlassen. Dieses Versprechen gilt und ist Grund für unser Vertrauen: Jeder ist unter dem Regenbogen in Gottes Freundschaft aufgehoben. Das macht Mut für den neuen Lebensabschnitt, den Schulbeginn.
Die Kinder gehen von zwei Seiten, vom rechten und linken Kirchenschiff aus, einen Weg zum großen Regenbogen, der in der Kirche aufgestellt ist. Dieser macht das Vertrauen und den Mut für sie erfahrbar und wird unterstützt durch das gemeinsame Pilgerlied:

»Wir gehen im Frieden,
wer mitgeht, kommt an.
Gott ist ein Beschützer
für Kind und Frau und Mann.«

Unterm Regenbogen angekommen, erhält jedes Kind einen eigenen Regenbogen, der auf einem DIN A 5-Karton im Querformat aufgemalt ist. Das Regenbogenlied vor der Segnung der Kinder bestätigt noch einmal: » ... damit ihr's alle wisst, dass Gott uns nicht vergisst.« In dieser Gewissheit und gestärkt durch den Segen des guten Gottes, können die Kinder dann ihre Namen auf die Karte mit dem Symbol des Regenbogens schreiben und sich diese umhängen. Die gemeinsame Erfahrung des »Segens unterm Regenbogen« begleitet die neuen Schulkinder.

Vorbereitungen

Denkzettel für die Vorbereitung

▷ Ein großer Regenbogen wird vor dem Gottesdienst auf eine große Pappe oder Spanplatte aufgemalt oder aus farbigen Papieren geschnitten (Dafür eignet sich Tonpapier, aber auch Streifen aus buntem Krepppapier.) und aufgeklebt. Darunter versammeln sich die Kinder im Verlauf des Gottesdienstes.

▷ Es dürfte sich in jeder Gemeinde ein Einzelner oder eine Gruppe von Erwachsenen finden lassen, die diesen Regenbogen herstellen.
▷ Für die Regenbogenkarten, die die Kinder bekommen, lässt sich gut eine ältere Grundschulklasse gewinnen. Die Umrisse sind kopiert, so dass nur noch die Farben ausgemalt werden müssen. Das macht Schülerinnen und Schülern in der Grundschule noch viel Spaß.
▷ Die Regenbogenkarten müssen mit einem bunten Band, einer Wollkordel oder einem Geschenkband versehen werden, damit man sie umhängen kann. Das Aufschreiben des Vornamens ist für die meisten Schulanfangskinder kein Problem, außerdem ist – wie bereits gesagt – die Mithilfe der begleitenden Erwachsenen möglich.
▷ Für das Einüben der Lieder sollten die Erzieherinnen in den Kindergärten am Ort rechtzeitig angesprochen werden.

■ Ablauf des Gottesdienstes

Der Gottesdienst

Fröhliche Orgelmusik zur Begrüßung in der Kirche

Begrüßung

Liebe Mädchen und Jungen, die heute in die Schule kommen.
Euch begrüße ich jetzt hier in der Kirche ganz besonders.
Dies ist euer Tag und euer Gottesdienst!
Ihr sollt das jetzt richtig merken, wie wichtig und groß ihr seid.
Ihr dürft etwas machen, was wir nur heute in der Kirche tun:
Stellt euch einmal auf die Bank, auf der ihr sitzt, damit wir euch alle sehen können.
Wir freuen uns, dass ihr so groß geworden seid.
Wir freuen uns und darum klatschen wir jetzt für euch.
(In die Hände klatschen und die Schulanfangskinder ehren.)
Jetzt setzt euch wieder.
Hier in der Kirche loben wir Gott, wenn wir in unsere Hände klatschen.
Gott loben, das wollen wir auch gemeinsam mit dem folgenden Lied tun.

Lied: »Geh aus mein Herz und suche Freud ...« (siehe Seite 24)

Gebet

Lieber Gott,
mit dem heutigen Tag beginnt für unsere Schulanfangskinder etwas Neues.
Sie haben sich auf diesen Tag gefreut und zu Hause wurden viele Vorbereitungen getroffen. Der Schulranzen wurde gekauft, das Mäppchen mit den bunten Stiften, die Schultüte mit vielen Überraschungen.
So sind wir jetzt alle mit unserer Freude, unseren Erwartungen, aber auch mit der Spannung, was alles kommen wird, hier versammelt: Eltern und Großeltern, Geschwister und Freunde.
Wir sind hier, um deinen Segen für die beginnende Schulzeit zu erbitten.
Wir bringen dir unsere Freude und Dankbarkeit an diesem besonderen Tag.
Wir loben dich und preisen dich, guter Gott.
Amen.

Erzählung mit Aktionen

Ein Regenbogengespräch zu 1. Mose/Genesis 8 + 9

(Die Kinder werden mit Fragen und Bewegungen in die Erzählung einbezogen.)

Liebe Schulanfangskinder und alle, die mit euch gekommen sind!

Manchmal regnet es und trotzdem scheint die Sonne.
Dann können wir am Himmel einen wunderschönen Bogen sehen.
Wir nennen ihn?
(Die Kinder antworten: Regenbogen.)

Der geht von der Erde über den Himmel und wieder herunter zur Erde.
(Die Kinder beschreiben mit ihren Händen und Armen einen Bogen von der Erde über den Himmel wieder zur Erde.)

Der Regenbogen hat ganz verschiedene Farben.
Weil er so bunt ist, freuen wir uns über ihn.
Wir sehen die Farben.
(Die Kinder nennen die verschiedenen Farben des Regenbogens.)

Heute haben wir einen Regenbogen für euch, die ihr in die Schule kommt, vorbereitet.
Keinen echten. Das geht ja nicht. Das wissen wir alle. Aber einen aus Papier.
Hier seht ihr ihn!
(Der vorbereitete große Regenbogen wird inzwischen hereingetragen und im Altarraum aufgehängt.)

Der Regenbogen weiß eine alte Geschichte.
Die Geschichte erzählt von Noah.
Noah lebte in einer Zeit, in der es bei den Menschen ganz dunkel war.
(Die Kinder halten sich die Hände vor die Augen.)

Das ist schlimm, wenn wir nichts mehr sehen können.
Keiner sieht den anderen.
So wird es euch in der Schule auch manchmal gehen.
Du wirst denken:
Wo ist denn bloß Jan Christoph, Julian, Kerstin, Franziska, Frau ...?
Eben habe ich sie doch noch gesehen.
Dann kommst du dir in der großen Schule verloren vor.
Wenn du dann doch die richtige Tür findest,
den verlorenen Menschen wiederfindest,
dann ist das wie ein schöner, bunter Regenbogen.
Und du sagst: Gott sei Dank.

Noah und die Menschen, die mit ihm leben, sagen auch:
Gott sei Dank. Gott sei Dank, dass es wieder hell wird.

Aber vorher, das wissen die meisten von euch,
hat es geregnet, wie verrückt.
Die Menschen gingen unter.

Ja, das wissen wir auch:
Wir können untergehen.
Wenn Menschen sich nicht vertragen.
Wenn jede und jeder der Größte und die Schönste sein will.
Wenn wir in der Schule nicht aufeinander hören können.

Wir können untergehen,
deshalb steckt heute in uns – trotz aller Freude über den Schulanfang – auch ein bisschen Angst:
Hoffentlich geht es gut.
Nachher bekommt jedes Kind einen Regenbogen.
Jede und jeder bekommt einen für sich ganz allein.
Die Kinder aus der ... Klasse haben ihn für euch gemacht.
Jede und jeder schreibt seinen eigenen Namen in den Regenbogen.
Ihr könnt ja schon eure Namen schreiben.

Als Noah und seine Familie dann den Regenbogen gesehen haben,
da haben sie Vertrauen gefunden.
Gott sei Dank, es wird gut mit uns Menschen, haben sie gedacht.
Gott hält zu uns.

Der kleine Regenbogen für euch ist ein Zeichen für dieses Vertrauen.
Wenn ihr euren bunten Regenbogen nachher umhängt,
dann dürft ihr wissen:
Es wird gut werden mit mir in der Schule.
Gott hält zu mir.

Und wenn der Regenbogen zu Hause an der Wand hängt,
dann dürfen auch sie als Mütter und Väter wissen:
Es wird gut werden mit unserem Kind,
auch wenn es manchmal ganz dunkel ist und anders aussieht.

Und schließlich:
Liebe Klassenlehrerinnen, überlegen sie doch,
einen Regenbogen in der neuen Klasse zu malen und im Raum aufzuhängen.
Ein Zeichen für Vertrauen:
Der unsichtbare Gott hält zu uns.
Er lässt keinen untergehen.

So kann euer Leben in der Schule immer wieder bunt und schön werden, wie der Regenbogen. Wir hören jetzt die Geschichte von Noah und dem Regenbogen aus der Bibel.

Lesung: 1. Mose/Genesis 9,8–17

Zug der Kinder zum Regenbogen

Jetzt ziehen alle Schulanfangskinder mit ihren Eltern nach vorne, Bankreihe für Bankreihe von rechts und links. Alle versammeln sich unter unserem großen Regenbogen. Dazu singen wir unser Lied:

Lied: »Wir gehen im Frieden« (s. Seite 25)

(Die Kinder und Eltern versammeln sich in einem Kreis unter dem großen Regenbogen. Wenn es nicht möglich ist, den Bogen über dem Altarraum aufzuhängen, dann kann man den Bogen auch vor dem Altar aufstellen und einen Kreis darum bilden. Die Eltern stehen hinter den Kindern, die ihre persönliche Regenbogenkarte erhalten.)

Lied: »Ein bunter Regenbogen ist übers Land gezogen ...« (LJ 509, SL 96)

Segnung der Schulanfangskinder

(Zur Gestaltung siehe »Rituale im Schulanfangsgottesdienst« S. 14)

Unter diesem Bogen erhält jetzt jede und jeder persönlich den Segen Gottes für die beginnende Schulzeit, indem wir euch die Hände auflegen und dazu ein Segenswort sprechen. Eure Eltern stehen hinter euch und können euch die rechte Hand auf die Schulter legen, bis alle den Segen empfangen haben.

Segenswort z.B.:
N.N., Gott segne und behüte dich.
Oder:
N.N., Gottes Hände schützen dich.
(Wenn die Segnung aller Kinder abgeschlossen ist, werden die Karten mit den Namen der Kinder beschrieben.)

Nachdem ihr jetzt alle den Segen Gottes für die beginnende Schulzeit bekommen habt, dürft ihr eure Vornamen auf eure Karte mit dem Regenbogen schreiben und euch dann die Karte umhängen. Eure Eltern helfen euch dabei.

Lied: »Gott, dein guter Segen, ist wie ein großes Zelt ...«
(LJ 382, KG 220 und in: »Komm in Gottes Schöpfungsgarten«, dem ersten Band der Reihe »Materialien zur Gemeindearbeit«, S. 122)

(Wenn alle ihre Karte beschrieben haben, gehen die Kinder und Eltern zurück an ihre Plätze.)

Fürbittengebete

Pfarrerin/Pfarrer:
Guter Gott,
mit dem Regenbogen hast du für die Menschen ein Zeichen gesetzt.
Er erinnert daran, dass du an schönen und an dunklen Tagen bei uns bist.
Er ist ein Zeichen der Freude, wenn es uns gut geht,
und ein Zeichen der Hoffnung, wenn es dunkel wird in unserem Leben.
Denn wenn wir vor uns die dunklen Wolken sehen,
leuchtet hinter uns bereits das Licht der Sonne und zaubert die bunten Farben des Regenbogens an den Himmel.
Stärke in diesen neuen Schulkindern und ihren Müttern und Vätern die Gewissheit deiner Gegenwart.
Darum beten wir und singen:

Herr, erbarme dich ...
(Nach einer der Gemeinde bekannten Kyriemelodie singen.)

Erzieherin:
Guter Gott,
lass die Kinder die Geschichten und Lieder vom Regenbogen
in Erinnerung behalten.
Sie haben eine gute Zeit im Kindergarten hinter sich.
Nun beginnt ein neuer Lebensabschnitt für sie.
Lass sie Liebe und Fürsorge durch Menschen erfahren
und damit weiterhin deine Liebe und Güte erkennen.
Darum beten wir und singen:

Herr, erbarme dich ...

Vater:
Guter Gott,
mit Freude begleiten wir heute unsere Kinder auf ihrem ersten Schulweg.
Wir danken dir, dass du uns unsere Kinder anvertraut hast.
Nun sind sie schon so groß, dass sie einige Wege allein gehen können und müssen.
Wir bitten dich, stärke und schütze sie auf ihren Wegen.
Darum beten wir und singen:

Herr, erbarme dich ...

Mutter:
Guter Gott,
viel Neues erwartet unsere Kinder.
Unsere Sorge ist, ob sie alles schaffen werden.
Doch wir erinnern uns, dass sie ja nicht allein sind. Freundinnen und Freunde aus dem Kindergarten gehen den gleichen Weg.
Viele Menschen haben sich Gedanken gemacht,
um ihnen den Anfang zu erleichtern.
Darauf vertrauen wir und auch darauf, dass du weiter mit ihnen bist.
Darum beten wir und singen:

Herr, erbarme dich ...

Lehrerin/Lehrer:
Guter Gott,
die neuen Erstklassenkinder sind für uns Aufgabe und Herausforderung.
Wir wollen sie in ihrem Wachsen begleiten,
ihnen die Freude am Lernen vermitteln und bilden.
Wir bitten um deine Hilfe, dass uns das bei jedem und jeder einzelnen gelingen möge.
Darum beten wir und singen:

Herr, erbarme dich ...

Schülerin/Schüler:
Guter Gott,
wir freuen uns auf die neuen Kinder in unserer Schule.
Wir wollen sie gern in unsere Gemeinschaft aufnehmen und ihnen helfen, wenn sie unsere Hilfe brauchen.
Wir wünschen, dass sie gern in die Schule gehen und viel Schönes erleben.
Darum beten wir und singen:

Herr, erbarme dich ...

Vater unser ...

Aaronitischer Segen

Der Herr segne euch und behüte euch.
Der Herr lasse sein Angesicht leuchten über euch und sei euch gnädig.
Der Herr erhebe sein Angesicht auf euch und gebe euch Frieden.
(nach 4. Mose/Numeri 6,24–26)

Orgelspiel zum Auszug

Gott, dein guter Segen ist wie ein großes Zelt

Theologische und religionspädagogische Überlegungen

Sechsjährige verbinden in unserem Umfeld mit einem Zelt das Außergewöhnliche, nicht das Alltägliche.
Spielen im Indianerzelt. In den Ferien mit der Familie zelten oder mit einer Gruppe, mit Freundinnen und Freunden. Das ist toll. Wenn es draußen schön warm ist, aber auch wenn es regnet, kann es im Zelt warm und gemütlich sein. Selbst wenn es etwas eng wird, ist das zeitweise Wohnen im Zelt ein ganz besonderes Erlebnis.
Auch ein großes Festzelt kennen sicher alle Kinder. Hier können viele Menschen zusammenkommen und feiern. Es bietet mehr Platz als ein Haus oder ein Saal. Das Zelt bietet Schutz und Wärme, wenn es kühl wird oder wenn es regnet. Das Zelt ist für Kinder heute eine Alternative zum normalen Haus. Es hat etwas mit Ferien, Freizeit, Feiern und auch mit Abenteuer zu tun.
Eine Zeltgeschichte aus der jüdischen Tradition steht im Mittelpunkt des Gottesdienstes.
Für Abraham, seine Familie und seine Sippe, die als Nomaden lebten, war das Zelt die normale Wohnung. Wo für die Menschen und die Tiere Lebensmöglichkeiten waren, wurde das Zelt aufgeschlagen für die Zeit, die man an diesem Ort verweilte.
Wer im Zelt lebt, ist unterwegs. Bei diesem Unterwegssein ist das Zelt der Ort der Geborgenheit und der Gemeinschaft. Es bietet Platz und Wärme und Schutz für alle.
Auf dem Hintergrund dieser Erfahrungen setzt das Bildwort aus dem Lied an: »Gott, dein guter Segen ist wie ein großes Zelt.« Es sagt etwas über das Vertrauen.
Wo immer man sich auch befindet, der Mensch steht unter Gottes Schutz. In dieser inneren Gewissheit kann Abraham Gottes Stimme hören, die zu ihm sagt: Bricht deine Zelte ab, zieh weiter, ich werde dir neue Wege zeigen. Das heißt auch, ich werde dich auf diesen Wegen begleiten. Selbst wenn du noch so unsicher bist, ich bin bei dir. Du kannst dich auf mich verlassen und vertrauensvoll das Neue wagen.
Diese Erfahrung soll den Schulanfangskindern nahe gebracht werden. Sie beginnen einen neuen Weg, noch unsicher, vielleicht etwas ängstlich, weil so viel Neues auf sie zukommt. Die Zusage: es wird bestimmt gut, du kannst das, du schaffst das, du wirst erfahren, dass du nicht alleine bist, soll Mut und Zuversicht geben. Die Abraham-Zeltgeschichte und das Zusammensein unter einem großen Zelt mit all denen, die denselben Weg beginnen, soll in den Kindern das Gefühl wecken, es ist jemand da, der mich schützt wie ein großes Zelt. Ich gehe mutig wie Abraham den neuen Weg. Ein kleines Zelt, das alle Schulanfangskinder erhalten, erinnert an den Tag und festigt die Erfahrungen mit der Zeltgeschichte.

Denkzettel für die Vorbereitung

Vorbereitungen

- ▷ Das große Zelt in der Kirche, unter dem alle Schulanfänger Platz finden, bestimmt diesen Gottesdienst. Um ein so großes Zelt zu bekommen und aufstellen zu können, sollte man bei Jugendverbänden (ev./kath. Jugend), beim DRK oder THW nachfragen. Vielleicht gibt es am Ort auch einen Zeltverleiher oder eine Partyservice-Firma, die bereit sind, ein gutes Werk zu tun. Es finden sich dann auch meist helfende Hände, die das Zelt mit aufstellen und den Möglichkeiten entsprechend anbringen.
- ▷ Die Aufforderung: »Kommt, wir setzen uns wie Abraham unter das Zelt«, öffnet die Aufmerksamkeit und Erwartungshaltung der Kinder. Weggehen aus der Bank, von der Seite der Erwachsenen, und mit den anderen Kindern zusammen sich einlassen auf das Angebot, ist eine Voraussetzung, damit von der Erzählung etwas verinnerlicht und behalten wird.
- ▷ Nach dem Segen, der weit und groß ist und alle umspannt wie das große Zelt, bekommt jeder und jede ein eigenes kleines Zelt in die Hand. Es ist aus einem etwas derberen Baumwollstoff und drei Schaschlikspießen hergestellt (siehe Bastelanleitung). Mithelfende, die mit der Nähmaschine umgehen können, werden in relativ kurzer Zeit solche Zelte herstellen können.
- ▷ Eine andere Gruppe kann das Beschriften der kleinen Zelte mit Textilstift übernehmen. Darauf kann z.B. zu lesen sein:
  »Schulanfangsgottesdienst am ...«
  Hierfür können die Lehrerinnen und Lehrer sicherlich größere Grundschulkinder gewinnen und begeistern.
- ▷ Für das Einüben der Lieder ist der Kontakt mit den Kindergärten, in denen die Schulanfangskinder sind, sinnvoll.

■ Ablauf des Gottesdienstes

Der Gottesdienst

Fröhliche Orgel- und Trompetenmusik zur Eröffnung des Gottesdienstes
(Im Kirchenraum steht ein großes Zelt. Die Seitenwände sind hochgerollt, damit man hineinsehen kann.)

Begrüßung

Liebe Mädchen und Jungen, die heute in die Schule kommen.
Euch begrüße ich jetzt hier in der Kirche ganz besonders.
Dies ist euer Tag und euer Gottesdienst !
Ihr sollt das jetzt richtig merken, wie wichtig und groß ihr seid.
Ihr dürft etwas machen, was wir nur heute in der Kirche tun:
Stellt euch einmal auf die Bank, auf der ihr sitzt,
damit wir euch alle sehen können.
Wir freuen uns, dass ihr so groß geworden seid.
Wir freuen uns und darum klatschen wir jetzt für euch.
(In die Hände klatschen und die Schulanfangskinder ehren).
Jetzt setzt euch wieder.
Mit dem Klatschen freuen wir uns über euch.
Hier in der Kirche loben wir Gott, wenn wir in unsere Hände klatschen.
Hier in der Kirche loben wir Gott, wenn wir jetzt singen.
Wenn wir singen, machen wir das, was wir singen.
Ich zeige euch das und ihr macht es mir nach.

Lied: »Ein neuer Tag ist da«

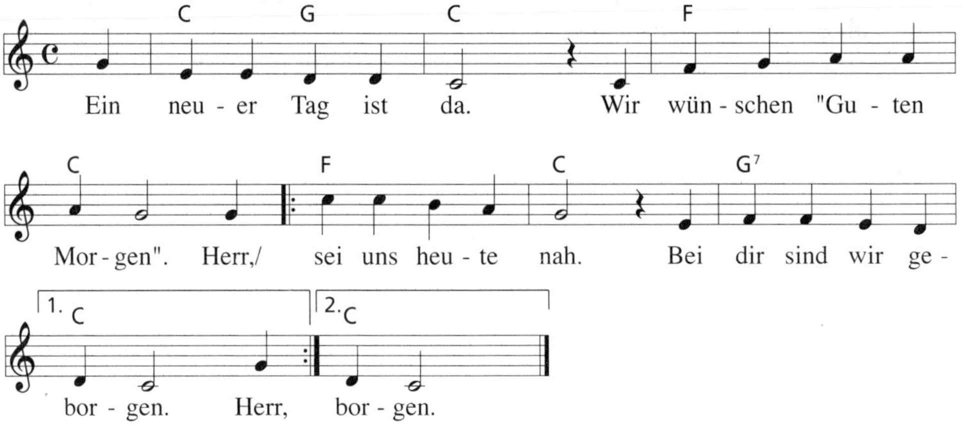

Text: Reinhard Bäcker
Musik: Detlev Jöcker

2. Ein neuer Tag ist da. Wir wollen froh beginnen.
Herr, gib uns deine Kraft, so kann der Tag gelingen.

3. Ein neuer Tag ist da. Wir stehen auf und gehen.
Herr, zeige uns den Weg und lass dein Licht uns sehen.

4. Ein neuer Tag ist da. Wir reichen uns die Hände.
Herr, segne unser Tun, das Böse von uns wende.

5. Ein neuer Tag ist da. Wir beten in der Stille,
dass in der ganzen Welt geschehen mag dein Wille.

6. Ein neuer Tag ist da, ein neuer Tag zum Leben.
Aus deiner Ewigkeit hast du ihn uns gegeben.

Gebet

Guter Gott,
ein neuer Tag ist auch für unsere Schulanfangskinder da, der erste Schultag.
Groß ist die Aufregung der Kinder,
aber auch ihrer Eltern und der Lehrerinnen und Lehrer.
So viel Neues werden die Kinder heute entdecken,
das große Schulgebäude, den neuen Klassenraum, die Lehrerin.
Lass du sie deinen Schutz und deine Geborgenheit erleben, wenn sie sich in den vielen neuen Eindrücken verloren fühlen; wenn sie traurig sind, weil sie sich vielleicht im Schulhaus nicht zurechtfinden.
Darum bitten wir dich, guter Gott.
Amen.

Lesung: 1. Mose/Genesis 12,1+2

Erzählung mit Aktionen

Eine Zelt- und Segensgeschichte

Zu der Geschichte, die ich euch jetzt erzähle, singen wir immer wieder eine Strophe von dem Lied:

Lied: »Gott, dein guter Segen ist wie ein großes Zelt«
(LJ 382, KG 220 und in: »Komm in Gottes Schöpfungsgarten«, dem ersten Band der Reihe »Materialien zur Gemeindearbeit«, S. 122)

Liebe Schulanfangskinder, ihr seht hier das große Zelt.
Das ist Abrahams Zelt. Weitgespannt, wie wir gerade gesungen haben.
Ich erzähle euch von Abraham.
Er lebt mit seiner Frau Sarah und mit seinen Kindern in Zelten.
Nicht in einem festen Haus.

Eines Abends sitzt Abraham wieder vor seinem Zelt.
Der Tag ist heiß gewesen. Sarah hatte während des Tages die Zeltwände hochgewickelt, so wie bei unserem Zelt hier auch.
Kommt, wir setzen uns wie Abraham unter das Zelt.
(Die Schulanfangskinder kommen nach vorne in den Altarraum und nehmen unter dem Zelt Platz)

Abraham hat nur einen Gedanken. Er hört auf seine innere Stimme.
Und die hat ihm gesagt: Abraham, geh! Mach dich auf in ein neues Land!
Abraham grübelt. Er weiß: die innere Stimme war Gottes Stimme.
Aber wie soll das gehen?
Er denkt: Mensch, Gott, ich kenne das Land doch überhaupt nicht.

Pause

Merkt ihr? Ihr könnt den Abraham gut verstehen.
Ihr geht heute auch in ein neues Land, in das neue Land, die Schule.
Ihr kennt auch noch nichts oder nur ein wenig:
Das Gebäude kennt ihr noch nicht gut. Den Klassenraum kaum.
Die Lehrerin kennt ihr nur ihrem Namen nach.
Mensch, Gott, wie soll das bloß werden?

Diese Frage kennen wir auch als Mütter und als Väter, wenn etwas Neues in unserem Leben beginnt.
Mensch, Gott, wie soll das bloß werden?

Lied: »Gott, dein guter Segen ist wie ein großes Zelt« (2. Strophe)

Aber dann steht Abraham auf. Er sagt: »Ich traue mich. Was bleibt mir auch anderes übrig?«
Er steht auf und sieht sein großes Zelt. Abraham denkt an den Glauben. Ihm fällt die innere Stimme ein. Gottes Stimme.
Ja, er hatte sie gehört: »Ich will dich segnen und du sollst ein Segen sein ...«
Das heißt: Ich, Gott, will mit dir sein auf deinem neuen Weg.
Wie das Zelt mich hier beschützt, so werde ich auf meinem neuen Weg beschützt sein.
Bei diesem Gedanken wird Abraham auf einmal mutig und froh.
Aber dann?
Dann packt ihn noch einmal kurz der Zweifel.
Aber was ist, wenn ich mich verlaufe?
Wenn ich den Weg nicht finde?

Pause

Was wird aus mir, wenn ich mich verlaufe und den Weg nicht finde?
Was wird aus mir, wenn ich den Klassenraum nicht finde?
Und er hört: Ich will dich segnen.
Menschen werden da sein und dir den Weg zeigen.

Pause

Aber was wird aus mir, wenn ich die Sprache im neuen Land nicht verstehe?
Was wird aus mir, wenn ich die Lehrersprache nicht verstehe?

Pause

Und er hört: Ich will dich segnen.
Menschen werden da sein und mit dir reden, üben, lernen.

Lied: »Gott, dein guter Segen ist wie ein großes Zelt« (3. Strophe)

Aber was wird aus mir, wenn ich einmal krank werde und nicht weiter wandern kann?, denkt Abraham.
Was wird aus mir, wenn ich krank werde und in der Schule fehle und nicht mehr mitkomme?

Pause

Und er hört: Ich will dich segnen.
Menschen werden da sein und Geduld mit dir haben. Menschen, die wissen, der Weg ist weit.

Pause

Und dann sieht Abraham wieder das Zelt und denkt: Gottes Segen ist weit und groß.
Er wird bei mir sein auf meinem langen Weg.
Amen.

Lied: »Gott, dein guter Segen ist wie ein großes Zelt« (4.+5. Strophe)

Segenszelt
(Jedes Kind bekommt ein kleines »Segenszelt«.)

Bastelanleitung:
Man braucht einen festen Baumwollstoff und drei Schaschlikspieße aus Holz, 20 cm lang, außerdem einen Textil-Faserstift zum Beschriften der Zelte.
Aus dem Stoff schneidet man einen Kreis von 38 cm Durchmesser.
Den Kreis zerschneidet man in zwei gleiche Teile. (Aus einem Kreis werden zwei Zelte.)
Den Halbkreis teilt man in drei gleiche Teile ein und näht an den Drittellinien 0,5 cm breite Tunnel ab (s. Zeichnung 1, rechte Seite oben).
Danach näht man auf links den Halbkreis zu einem Zelt zusammen, dreht das Zelt wieder auf die rechte Seite und näht eine zweite Naht von rechts im Abstand von 0,5 cm. Damit erhält man den dritten Tunnel für die Holzspieße. Die drei Holzspieße werden in die Tunnel geschoben.
Dann werden die drei Seiten des fertigen Zeltes am unteren Rand beschriftet (siehe Zeichnung 2):

Schulanfangs - Gottesdienst - (Datum)

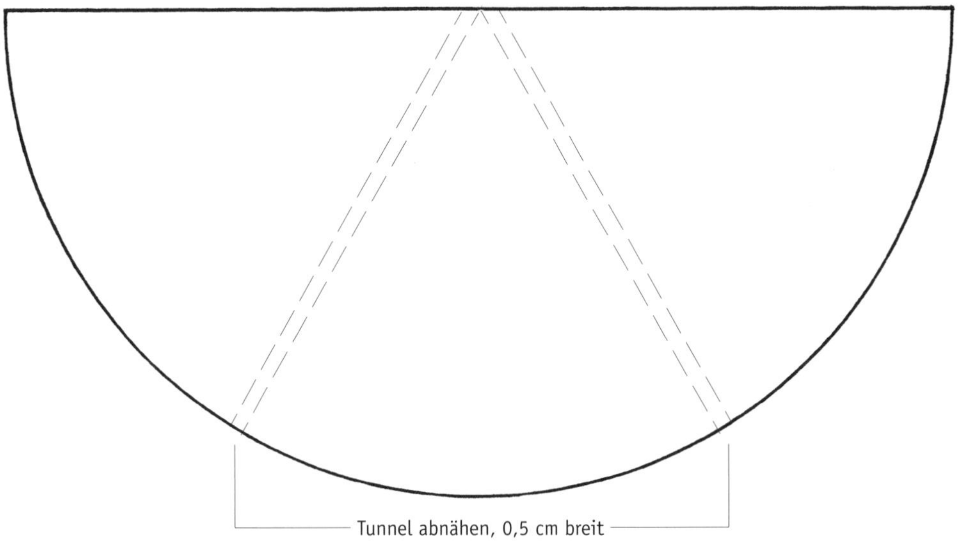

Zeichnung 1

Zeichnung 2:

Segnung der Schulanfangskinder

(Zur Gestaltung siehe: »Rituale im Schulanfangsgottesdienst« S. 14. Die/der Segnende legt ihre/seine Hände seitlich auf den Kopf des Kindes, erfragt seinen Namen und spricht dann:)

N.N., Gott segne und behüte dich.
Oder:
N.N., Gottes Hände schützen dich.
(Nach der Segnung gehen die Kinder zurück an ihre Plätze.)

Fürbittengebete

Pfarrerin/Pfarrer:
Guter Gott,
wie Abraham machen sich unsere Schulanfänger auf den Weg in ein neues Land, die Schule.
Sie kennen dieses neue Land noch nicht und sind deshalb noch unsicher.
Was wird alles auf sie zukommen ?
Doch wie Abraham gilt ihnen deine Zusage: Ich bin bei euch, ich gehe mit euch, ich zeige euch den Weg. Ihr braucht keine Angst zu haben.
Lass sie diese Zusage alle Tage spüren
in den Menschen, die sie begleiten.
Darum beten wir und singen gemeinsam:

Herr, erbarme dich ...
(Nach einer der Gemeinde bekannten Kyriemelodie singen.)

Erzieherin:
Guter Gott,
wir haben diese Kinder ein Stück ihres Lebensweges begleitet.
Das hat uns oft viel Freude gemacht.
Wir haben gesehen, wie sie immer sicherer und selbständiger wurden.
Unsere Aufgabe ist nun zu Ende.
Wir bitten dich, bleibe du weiter bei ihnen und führe sie
in eine gute Zukunft.
Darum beten wir und singen gemeinsam:

Herr, erbarme dich ...

Vater:
Guter Gott,
Abrahams Lebensweg war nicht immer gerade.
Er verirrte sich, ging falsche Wege oder zweifelte an deiner Verheißung.
Auch unsere Kindern werden Umwege, Enttäuschungen und
Misserfolge erfahren.
In diesen Zeiten brauchen sie uns ganz besonders.
Hilf uns, ihnen Mut machen zu können.
Hilf uns, mit ihnen gemeinsam ihren Weg zu finden.
Darum beten wir und singen gemeinsam:

Herr, erbarme dich ...

Mutter:
Guter Gott,
mit Stolz und Freude sehen wir heute,
wie groß unsere Kinder schon geworden sind.
Darüber sind wir glücklich und danken dir.
Wir wissen, was sie schon alles können und was sie bereits gelernt haben.
Wir wissen aber auch, dass noch viel vor ihnen liegt.
Lass uns geduldig bleiben,
wenn manches Ziel nicht so schnell erreicht wird,
und lass uns immer daran denken, dass nicht unsere Vorstellungen
und Wünsche das Wichtigste sind, sondern dass ihr Leben gelingt,
damit sie glückliche Menschen werden.
Darum beten wir und singen gemeinsam:

Herr, erbarme dich ...

Lehrerin/Lehrer:
Guter Gott,
unsere neuen Schülerinnen und Schüler freuen sich auf die Schule.
Sie sind neugierig auf ihre Klassenkameraden und Klassenkameradinnen,
auf die Klassengemeinschaft und ihre Lehrerinnen und Lehrer.
Wir geben uns Mühe, ihre positive Neugier zu erhalten und zu fördern,
und hoffen, dass wir allen gerecht werden
und die Kinder als einen großen, anvertrauten Schatz empfinden können.
Darum beten wir und singen gemeinsam:

Herr, erbarme dich ...

Schülerin/Schüler:
Guter Gott,
unsere Schule ist wie ein großes Zelt, unter dem alle Platz finden sollen und sich wohlfühlen.
Darum bitten wir dich:
Dass es den Neuen in unserer Schule gut geht,
sie bald gute Freunde und Freundinnen finden
und wir Großen ihnen dabei helfen.
Wir beten und singen gemeinsam:

Herr, erbarme dich ...

Vater unser ...

Lied: »Komm, Herr, segne uns« (EG 170, LJ 116, SL 91)

Segen

So segne und behüte dich Gott.
Er lasse über dir sein Angesicht leuchten.
Über dich erhebe er sein Angesicht.
Dir gebe er Frieden.
Amen.

Orgel- und Trompetenspiel zum Auszug aus der Kirche

Fürchte dich nicht – gemeinsam sind wir stark

Theologische und religionspädagogische Überlegungen

Sehr viele Kinder im Vorschulalter kennen die Geschichte von Leo Lionni von dem kleinen Fisch Swimmy. Dieser muss in seinem Leben böse Erfahrungen machen.
Die Großen fressen die Kleinen auf. Deshalb hat er große Angst. Er belässt es aber nicht bei seiner Angst, sondern sucht nach Lösungen, den Gefahren und der Angst zu entgehen.
Es wird ihm bald klar, dass das alleine nicht möglich ist, aber mit vielen anderen Kleinen, die sich in der gleichen Situation befinden, findet er eine Lösung, die sich auch bei der nächsten Gefahr bewährt: Gemeinsam sind wir stark. Wir brauchen keine Angst zu haben vor dem großen Fisch, der mit einem Schwapp ganz viele kleine Fische auffrisst.
Das einzelne Schulanfangskind inmitten der großen Anzahl von Schulanfängern und in der noch größeren Anzahl von Kindern in der neuen Schule, auf dem großen Schulhof und dem riesigen Schulgebäude mit den vielen Räumen, kennt ähnliche Situationen.
Die Zusage »Fürchte dich nicht, gemeinsam sind wir stark« bezieht sich dann sowohl auf die Gemeinsamkeit in der Gruppe Gleicher, als auch auf die Gemeinsamkeit mit jemandem, auf den schon viele Menschen in schwierigen, Angst verbreitenden Situationen vertraut haben, wie es in den Bibeltexten bei Jesaja 43, 1–3a und 5a steht: »Fürchte dich nicht, ich befreie dich: Ich habe dich bei deinem Namen gerufen, du gehörst mir!« Auf Grund dieser biblischen Zusage können Menschen, Große und Kleine, sagen: Nein, wir fürchten uns nicht, denn Gott passt gut auf uns auf, wir sind ja sein. Er macht uns mutig und stark. Er führt uns zusammen.
In einer gemeinsamen Aktion wird im Gottesdienst der große Fisch aus vielen kleinen Fischen, die die Namen der Schulanfangskinder tragen, zusammengefügt.
Das entstandene Bild wird noch einige Wochen im Eingangsflur des Schulgebäudes stehen. So werden die Kinder immer wieder daran erinnert, dass sie in der Gemeinschaft Hilfe und Unterstützung finden können und auf dem Weg in den neuen Lebensabschnitt keine Sorge zu haben brauchen.

Vorbereitungen

Denkzettel für die Vorbereitung

▷ Die Fabel von Swimmy (Leo Lionni, Swimmy, übersetzt von James Krüss, Middelhauve Verlag, 2. Auflage 1992, ISBN 3-7876-9284-3 als kartonierte Ausgabe. Als gebundene Ausgabe erschienen bei: J. Beltz Verlag, 19. Auflage 2004, ISBN 3-407-77009-X) wird mit Bildern erzählt.
Wir haben diese bei uns – entsprechend der hier wiedergegebenen freien Erzählung der Geschichte – selbst gestaltet. Das kann auch eine Klasse älterer Grundschulkinder im Unterricht vorbereiten. (Wenn man sich nicht selbst Bilder zu der Geschichte herstellen will, gibt es zum Teil bei kirchlichen Medienstellen auch Dias zu dem Bilderbuch, mit denen man dann erzählen kann.)

▷ Von einem Tischler oder aus dem Baumarkt wird eine Spanplatte von 150 x 200 cm (das ist die Größe für etwa 120 Schulanfangskinder), besorgt. Die Platte wird weiß angemalt oder mit weißem Papier bespannt. Die Umrisse eines großen Fisches werden aufgemalt. Die Platte steht im Gottesdienst vor dem Altar.

▷ Nach dem Erzählen der Geschichte werden alle Schulanfänger nach vorn gebeten und erhalten von ihrer neuen Klassenlehrerin bzw. ihrem neuen Klassenlehrer einen ausgeschnittenen, doppelten »Swimmy-Fisch«.

Herstellung des »Swimmy-Fisches«:

Man benötigt farbiges Tonpapier im DIN A 4 Format. Darauf werden die Fische der Kopiervorlage Seite 51 übertragen. Dann wird das Papier in der Mitte gefaltet (s. gestrichelte Linie der Kopiervolage).
Auf jeder Seite ist jetzt ein identischer Fisch zu sehen. Die Fische werden ausgeschnitten und zwar so, dass er an der Flosse (= gefaltete Seite des DIN A 4-Blattes) an einer kleinen Stelle (1/2 – 1 cm) noch zusammenhängt.
In einen Fisch wird von den neuen Klassenlehrern/Klassenlehrerinnen der Name des betreffenden Kindes geschrieben. (Flosse des Fisches ist unten.)
Es werden Tonpapiere in verschiedenen Farben verwendet (rot, gelb, grün, blau, braun), evtl. für jede neue Klasse eine Farbe.

▷ Die beiden Teile werden beim Überreichen auseinander gerissen, der eine Fisch wird von dem Kind mit der Flosse nach unten in den großen Fisch geklebt, dafür sind auf der Spanplatte doppelseitige Klebepunkte angebracht, für jeden Fisch ein Klebepunkt (nicht zu klein! Es können auch Stücke von doppelseitigem Klebeband verwendet werden). Den zweiten nimmt das Kind als Erinnerung mit nach Hause.

▷ Swimmy wird aus schwarzem Papier vorgefertigt und von der Pfarrerin/dem Pfarrer als Auge in den Fisch eingeklebt (s. »Ablauf des Gottesdienstes«).
Das Ausschneiden der Fische kann von den 3. oder 4. Schulklassen übernommen werden.

▷ Neben zwei traditionellen Kirchenliedern werden auch zwei neuere Kinder-Kirchenlieder gesungen. Hier ist, wenn möglich, die rechtzeitige Einübung durch die Kindergärten von Vorteil.

■ Ablauf des Gottesdienstes

Der Gottesdienst

Fröhliche Orgelmusik zur Begrüßung in der Kirche

Begrüßung:

Liebe Mädchen und Jungen, die heute in die Schule kommen.
Euch begrüße ich jetzt hier in der Kirche ganz besonders.
Dies ist euer Tag und euer Gottesdienst !
Ihr sollt das jetzt richtig merken, wie wichtig und groß ihr seid.
Ihr dürft etwas machen, was wir nur heute in der Kirche tun:
Stellt euch einmal auf die Bank, auf der ihr sitzt,
damit wir euch alle sehen können.
Wir freuen uns, dass ihr so groß geworden seid.
Wir freuen uns und darum klatschen wir jetzt für euch.
(In die Hände klatschen und die Schulanfangskinder ehren.)

Jetzt setzt euch wieder.
Mit dem Klatschen freuen wir uns über euch.
Hier in der Kirche loben wir Gott, wenn wir in unsere Hände klatschen.
Hier in der Kirche vertreiben wir auch ein wenig die Angst,
wenn wir in die Hände klatschen.
Lange habt ihr auf diesen Tag gewartet.
Jetzt ist er endlich da.
Darum singen wir: »Heut ist ein Tag, an dem ich singen kann.«
Wenn wir singen, zeigen wir einander, was wir singen.
Ich mache euch das vor und ihr macht es mir nach.
Und alle, die mit euch gekommen sind, machen mit.

Lied: »Heut ist ein Tag, an dem ich singen kann« (LJ 555, KG 1)
(Bei den weiteren Strophen kann man bei »lachen«, »klatschen«, »rennen«, »schnarchen« und »flöten« immer das, was man singt, nachmachen.)

Lesung: Jesaja 43, 1–3a+5a

Gebet

Lieber Gott, wenn etwas Neues beginnt, freuen und fürchten wir uns.
Komm in unsere Freude! Komm in unsere Furcht!
Wie Jesus zu den Kindern gekommen ist, komm jetzt zu uns und flüstere uns mit deiner Stimme ins Herz: Fürchte dich nicht.
Amen.

Erzählung mit Aktionen

Erzählung der Geschichte vom kleinen Fisch »Swimmy«

Liebe Schulanfängerinnen und Schulanfänger, liebe Mütter und Väter, und Sie alle, die Sie jetzt hier sind!
Ich weiß, viele von euch und Ihnen kennen die Geschichte vom Swimmy, dem kleinen Fisch.
Von ihm können wir lernen: Ja, manchmal ist das Leben zum Fürchten.
Aber: in der Furcht ist es wichtig zu wissen, dass wir nicht allein sind. Wir gehören zusammen. Gott hält zu uns.

Erstes Bild:
Ich sehe einen großen Schwarm Fische.
Sie schwimmen kopfunter, kopfüber, ganz verschieden.
Jeder kleine Fisch macht, was er will.
Jeder schwimmt für sich.
Alle sind rot.
Nur einer ist?
(Kinder antworten.)
Das ist Swimmy.

Zweites Bild:
Eines Tages kommt ein riesengroßer Thunfisch.
Groß und hungrig ist dieser große Bursche.
Die vielen kleinen Fische bekommen Angst.
Und ehe sie wegschwimmen können,
frisst er alle mit einem einzigen Maulaufreißer weg.
Fort sind sie.
Weg.

Nur einer entkommt: Swimmy.
Swimmy denkt: So ein Mist.
So ist das.
Die Kleinen können nichts gegen die Großen machen.

Drittes Bild:

Swimmy schwimmt traurig weiter.
Er sieht unter Wasser:
Schöne Steine.
Quallen.
Hummer.
See-Anemonen.
Aber:
Alleine macht das alles keinen Sinn.
Alleine spielen macht keinen Sinn.
Alleine lernen macht keinen Spaß.

Viertes Bild:

Seht, Swimmy traut seinen Augen nicht.
Die vielen, kleinen, roten Fische haben sich versteckt.
Aus Angst vor den Großen.
Sie haben sich hinter einem riesigen Felsen versteckt.
Swimmy denkt: So geht das nicht weiter.
Wir müssen etwas gegen die Angst erfinden.
So macht das Leben keinen Spaß.
Gemeinsam überlegen und überlegen die Fische,
was sie gegen die Angst erfinden könnten.

Fünftes Bild:

»Ich hab's!«, ruft einer ganz laut.
»Wir müssen alle ganz dicht zusammen schwimmen.
Dann sehen wir so aus, als wären wir ein großer Fisch.«
Das ist eine wunderbare Idee.
Aber wie sollen die vielen verschiedenen, kleinen Fische das hinkriegen?
Wie sollen sie so eine Form des Zusammenlebens finden?

Sechstes Bild:

Sie probieren es aus.
Das dauert lange.
Etwas zusammen zu machen braucht Geduld.
Die Fische probieren und probieren.
Endlich gelingt es ihnen.
Sie haben es geschafft.
In der Form eines großen Fisches schwimmen sie.
Tatsächlich.
Seht.
Jeder hat seinen Platz gefunden.
Gemeinsam sind sie stark gegen die Angst vor den großen Fischen.
Richtig stark.

Siebtes Bild:

Und Swimmy?
Wo schwimmt er? Seht ihr ihn?
(Die Kinder suchen den Swimmy.)
Er ist das Auge. Swimmy passt auf.
Er sorgt, dass alle zusammen bleiben
in dieser Gemeinschaft gegen die Angst.
Swimmy sorgt für die Gemeinschaft, die Mut macht.

Schluss:
Ich kenne eine Geschichte von Menschen, die sagen:
Nein, wir fürchten uns nicht, denn Gott passt gut auf mich auf.
Er macht uns mutig und stark.
Er führt uns zusammen.

Von diesem Glauben wollen wir jetzt singen:

Lied: »Weißt du wie viel Sternlein stehen« (EG 511, LJ 305, KG 19)

Aktion und Segnung im Altarraum

(Vor dem Altar steht die große Spanplatte mit den Umrissen des Fisches. In diesen kleben die Kinder einen ihrer »Swimmy«-Teile, die sie gleich erhalten.)

Alle Schulanfangskinder kommen nach vorne und dann gestalten wir einen großen Fisch miteinander und zeigen es: Wir gehören zusammen.
Jedes Kind bekommt einen kleinen Fisch für sich alleine. Damit keine und keiner Swimmy und seine Mutmachgeschichte vergisst.
Und dann?
Ja, dann werden alle, die das wollen, für den Schulweg gesegnet.
(Die Kinder kommen nach vorne und erhalten den »Swimmy«. Wie unter »Denkzettel für die Vorbereitung« beschrieben, besteht der Fisch aus zwei identischen Fischfiguren. Sie werden beim Überreichen an die Kinder auseinander gerissen. Jedes Kind klebt den Fisch, in den die neue Klassenlehrerin bereits den Namen des Kindes geschrieben hat, auf je einen der Klebepunkte in dem großen Fisch. Den anderen nimmt das Kind mit nach Hause zur Erinnerung und kann nach dem Gottesdienst in der Schule oder zu Hause seinen Namen in den Fischbau schreiben.
Wenn alle Fische aufgeklebt sind, ist ein Klebepunkt – das Auge des großen Fisches – noch frei. Die Pfarrerin/der Pfarrer klebt dort den Swimmy, der aus schwarzem Tonpapier gefertigt ist, als Auge des Fisches ein, s. »Denkzettel für die Vorbereitung« S. 45.)

Segnung der Schulanfangskinder

(Zur Gestaltung siehe »Rituale im Schulanfangsgottesdienst« S. 14)

Wenn wir dir die Hände auflegen und du die Worte hörst: »Gott segne und behüte dich«, dann spürst und hörst du: Gott ruft mich bei meinem Namen.

NN., Gott segne und behüte dich.
(Wenn alle gesegnet wurden, gehen die Kinder zurück an ihre Plätze.)

Lied: »Segne uns und mach uns Mut«

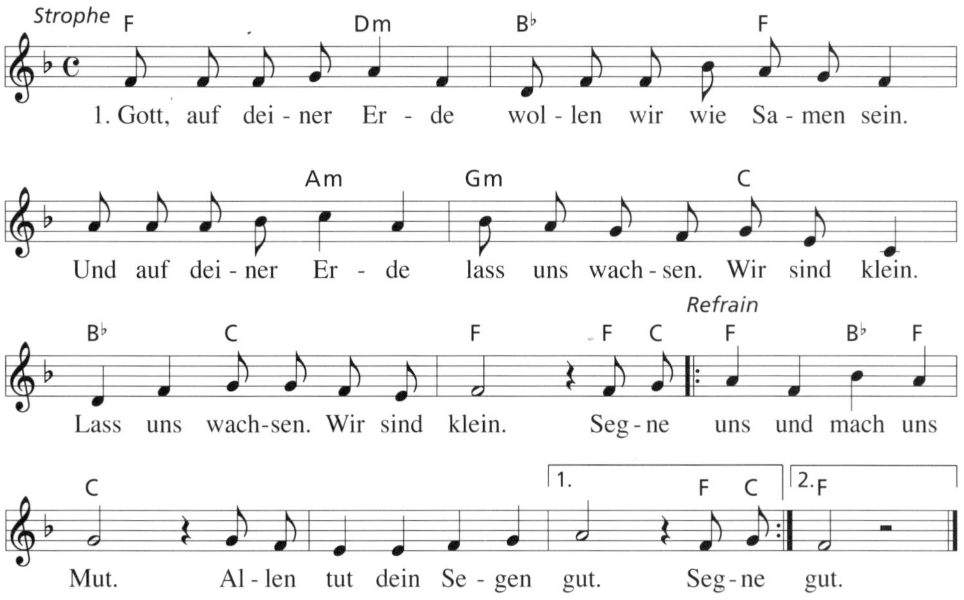

Text: Reinhard Bäcker
Musik: Detlev Jöcker

2. Gott, an deinem Himmel
wollen wir wie Sterne sein.
Und an deinem Himmel
lass uns leuchten. Wir sind klein.
Lass uns leuchten. Wir sind klein.

Refrain:
Segne uns und mach uns Mut ...

3. Gott, auf deiner Erde
woll'n wir deine Kinder sein.
Und auf deiner Erde
lass uns leben. Wir sind klein.
Lass uns leben. Wir sind klein.

Refrain:
Segne uns und mach uns Mut ...

4. Unter deinem Segen
können wir geborgen sein
und zum Segen werden
für die Großen. Wir sind klein.
Für die Großen. Wir sind klein.

Refrain:
Segne uns und mach uns Mut ...

(Weitere Strophen S. 66)

Fürbittgebete

Pfarrerin/Pfarrer:
Gott, du Angstvertreiber,
du bist voller Liebe und Geduld.
Du bleibst an unserer Seite.
Manchmal merken wir es nicht.
Aber heute, wenn wir so miteinander in der Kirche Gottesdienst feiern,
dann merken wir: die Furcht fliegt weg.
Deshalb sprechen wir uns gegenseitig zu:

Fürchte dich nicht!

Mutter/Vater:
Gott, du Mutmacher,
du bist voller Liebe und Geduld.

Du weißt, wie oft uns als Mütter und Väter schon der Geduldsfaden gerissen ist.
Manchmal war das nötig, manchmal war das schlimm
für uns und unser Kind.
Du fängst immer wieder neu mit uns an.
Darum fürchten wir uns nicht vor dem Neuen
und sprechen uns gegenseitig zu:

Fürchte dich nicht!

Lehrerin/Lehrer:
Gott, du Händereicher,
du bist voller Liebe und Geduld.
Wenn etwas ganz Neues für uns anfängt,
dann brauchen wir jemanden, der uns sagt:
Fürchte dich nicht.
Wir brauchen Fantasie und Ausdauer, Verständnis,
Arbeit und Ruhe.
Du kennst unsere Bitten und Hoffnungen,
darum sprechen wir uns ohne Scheu gegenseitig zu:

Fürchte dich nicht!

Vater unser ...

Lied: »Geh aus mein Herz ...« (Seite 24, die erste und letzte Strophe, die dort abgedruckt sind.)

Segen

Geht in diesen ersten Schultag und in eure Zukunft.
Im Frieden und mit dem Segen unseres Gottes:
Der Herr segne euch und behüte euch.
Der Herr lasse sein Angesicht leuchten über euch und sei euch gnädig.
Der Herr erhebe sein Angesicht auf euch und gebe euch Frieden.
(nach 4. Mose/Numeri 6,24–26)

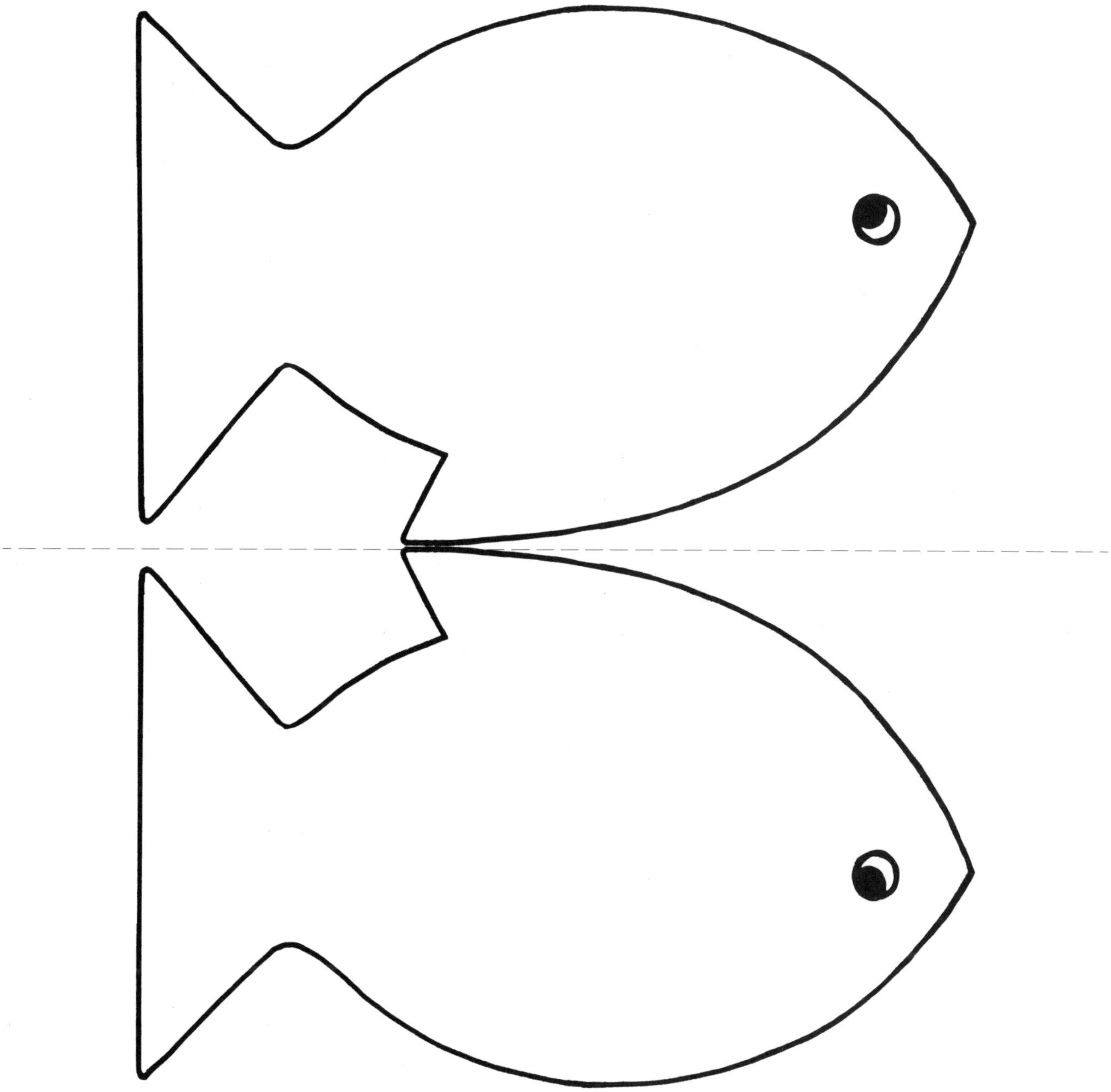

Unter dem Baum des Lebens

Theologische und religionspädagogische Überlegungen

Der Baum bietet einen Reichtum an Symbolbezügen. Er verkörpert in seiner sich immer wieder erneuernden Lebenskraft, seinem Absterben und Neuerstehen im Laufe des Jahres, seinem Verwurzeltsein und seinem Fruchtbringen das Leben schlechthin, ja selbst den Sieg des Lebens über den Tod. Seine aufrechte Gestalt weist zum Himmel und seine Wurzeln sind fest in der Erde verankert.

In dem Prophetenwort aus Jeremia 17,7.8, das dem Gottesdienst zu Grunde liegt, werden Menschen, die auf Gott vertrauen, mit Bäumen verglichen, die am Wasser stehen und ihre Wurzeln zum Bach hin ausstrecken. Sie stehen sicher. Ihnen kann keine Not und Gefahr etwas anhaben. Sie bringen Früchte hervor. In einem trockenen Land wie Israel ist den Menschen Wasser als Lebensquelle besonders bewusst.

So sicher soll unser Leben sein wie das Leben dieses Baumes, diese Zusage gibt Jahwe, wenn er sagt: Segen soll über alle kommen, die auf mich, den Herrn, ihr Vertrauen setzen.

Unter diesem Baum des Lebens kann man sich versammeln. Gemeinsam erfahren die Kinder die Zusammengehörigkeit des Lebens. In dem neuen Lebensabschnitt, der jetzt beginnt, im Lebensbereich Schule, gehört jede und jeder einzelne dazu, wie jedes neue grüne Blatt, das ein Baum hervorbringt.

Für die Erfahrung, gemeinsam unter dem Lebensbaum zu sitzen, soll stellvertretend je ein Kind aus jeder neuen Klasse zum »Baum des Lebens« kommen. Hier kann man von seinem Leben erzählen, von den Erfahrungen, die einzelne gemacht haben, von den Hoffnungen und Wünschen, die in jeder und jedem stecken, auch von Ängsten und Nöten, die sich manchmal ganz tief in uns melden.

Alles kann ausgesprochen werden, und im Gespräch mit den anderen wächst Zuversicht, Mut und Stärke. Die Gewissheit, ich bin nicht allein, und das Vertrauen auf einen, der sagt: »Gesegnet der Mensch, der sich auf Gott verlässt, der ist wie ein Baum« kann sich entwickeln. Das gemeinsame Lied mit dem Kehrvers: »Alle kommen zu dem Baum, und niemand kommt vergebens. Und wir feiern mit dem Baum SCHALOM das Fest des Lebens« fasst die Gedanken des Gesprächs unter dem Baum zusammen.

Danach kommen *alle* Schulanfängerkinder nach vorn zu dem großen Baum, und jedes Kind hängt, bevor es gesegnet wird, ein grünes Blatt mit seinem Namen an den gemeinsamen Lebensbaum.

Vorbereitungen

Denkzettel für die Vorbereitung

▷ In der Kirche wird ein schöner Baum, der in einen Kübel gepflanzt ist, als Lebensbaum aufgestellt. Es muss ein Baum mit Blättern (kein Nadelbaum) sein. Man kann ihn in der Stadtgärtnerei oder einer größeren Gärtnerei bekommen, ausgeliehen für den Zweck des Gottesdienstes oder gekauft, um ihn später im Schulgelände einzupflanzen.

- ▷ Ein ausgeschnittener Baum aus grünem Tonkarton mit einem anhängenden Blatt (siehe Kopiervorlage S. 60) ist für jedes Kind vorzubereiten.
- ▷ Auf das Blatt schreiben die Kinder ihren Namen, dann wird es von dem Baum abgetrennt und an den großen Lebensbaum gehängt.
- ▷ Sowohl der Karton-Baum als auch das abzutrennende Blatt sind mit einem Faden versehen. Das Blatt, damit es an den Lebensbaum gehängt werden kann; der Karton-Baum, damit ihn die Schulanfangskinder umhängen und mitnehmen können. Das Ausschneiden der Bäume und das Anbringen der Bänder (Wolle- oder Bastfäden) kann bereits am Schuljahresende, unter Mithilfe der Grundschulklassen, geschehen.
- ▷ Die Lieder des Schulanfangsgottesdienstes sollten vorher in den Kindertagesstätten eingeübt werden. Lehrerinnen und Erzieherinnen helfen bei der Aktion in der Kirche.

■ Ablauf des Gottesdienstes

Der Gottesdienst

Trompetenmusik zur Begrüßung der neuen Schulkinder

Begrüßung

Liebe Mädchen und Jungen, die heute in die Schule kommen.
Euch begrüße ich jetzt hier in der Kirche ganz besonders.
Dies ist euer Tag und euer Gottesdienst!
Ihr sollt das jetzt richtig merken, wie wichtig und groß ihr seid.
Ihr dürft etwas machen, was wir nur heute in der Kirche tun:
Stellt euch einmal auf die Bank, auf der ihr sitzt,
damit wir euch alle sehen können.
Wir freuen uns, dass ihr so groß geworden seid.
Wir freuen uns und darum klatschen wir jetzt für euch.
(In die Hände klatschen und die Schulanfangskinder ehren.)
Jetzt setzt euch wieder.
Mit dem Klatschen freuen wir uns über euch.
Ein Gruß allen, die mit euch gekommen sind:
eure Mütter und Väter, Großeltern, Patinnen und Paten, Verwandte.
Sie alle haben euch geholfen, so groß zu werden.
Sie haben für euch gesorgt. Sie sind stolz auf euch.
Für sie alle klatschen wir jetzt auch in die Hände.
(In die Hände klatschen und die genannten Angehörigen begrüßen.)
Hier in der Kirche loben wir Gott, wenn wir in unsere Hände klatschen.
Wir sagen: Gott sei Dank, jetzt ist es soweit.
Im Namen dieses Gottes, des Vaters und des Sohnes und des Heiligen Geistes,
feiern wir jetzt euren Schulanfang.
Wir singen jetzt zusammen:
»Heut ist ein Tag, an dem ich singen kann.«
Wenn wir singen, zeigen wir einander, was wir singen.
Ich mache euch das vor und ihr macht es mir nach.
Und alle, die mit euch gekommen sind, machen mit.

Lied: »Heut ist ein Tag, an dem ich singen kann« (LJ 555, KG 1).
(Bei den weiteren Strophen kann man bei »lachen«, »klatschen«, »rennen«, »schnarchen« und »flöten« immer das, was man singt, nachmachen.)

Lesung: Jeremia 17,7.8

Lied: »Mein Lebenstraumbaum«

Text: Reinhard Bäcker
Musik: Detlev Jöcker

Erzählung mit Aktionen

Erzählung: Menschen unter dem Baum des Lebens

Liebe Schulanfangskinder und alle, die mit euch gekommen sind!
Wenn im Leben etwas Neues anfängt,
pflanzen Menschen manchmal einen Baum:
Wenn ein Kind geboren wird.
Wenn Menschen Hochzeit feiern.
Wenn ein neues Haus bezogen wird.
Auch, wenn ein Kind in die Schule kommt.

Menschen pflanzen dann einen Baum und sagen damit:
Wir möchten wie ein Baum sein.
So fest wollen wir in der Erde verwurzelt sein.
So einen festen Platz möchten wir im Leben haben.
Unser Leben soll Früchte tragen. Unser Leben soll wachsen.
Unser Leben soll grünen.
Aus unserem Leben soll etwas Gutes für uns und für andere Menschen kommen.

Für euch Schulanfangskinder, für Sie, Mütter und Väter, für Sie, Lehrerinnen und Lehrer, fängt heute etwas ganz Neues an.
Ich vermute, jeder und jede von euch Kindern und jeder und jede von uns Erwachsenen möchte wie ein Baum sein:
fest im Leben stehen, einen Platz haben und die Hoffnung auf schöne, gute Früchte bewahren.

Unser Glaube kennt auch das Bild vom Baum.
Wir haben es eben aus der Bibel gehört.
Da reden Menschen von einem Baum, weil sie wie ein Baum sein möchten.
Und darum steht da:
»Gesegnet der Mensch, der sich auf Gott verlässt, der ist wie ein Baum.«

Der Baum lädt uns ein, ins Leben zu gehen.
Als wollte er uns die gute Botschaft zuflüstern: Wag dich ins Leben.
Du wirst Platz haben und Wurzeln schlagen. Du wirst Früchte bekommen.

Mit einem Lied wollen wir uns zum Baum einladen lassen, der im Altarraum unserer Kirche steht.

Lied: »Mein Lebenstraumbaum« (1. Strophe, siehe linke Seite)

Ich bitte jetzt die jüngsten Kinder aus den fünf Klassen, dass ihr euch für die anderen unter diesen Baum setzt.

Liebe N.N. und lieber NN.
(Alle Kinder werden mit ihrem Vornamen begrüßt. Sie kommen nachher in der Geschichte vielleicht auch vor. Die hier eingesetzten Namen kann man mit den Namen der Schulanfangskinder austauschen.)

Ich habe mir eine Geschichte ausgedacht, die von euch handelt.
Die Geschichte beginnt so:
Ihr seid Freunde. Ihr kennt euch gut. Ihr mögt diesen Baum.
Er ist noch etwas kümmerlich und man kann sich noch nicht so gut hinter ihm verstecken. Klettern geht ja auch überhaupt noch nicht. Wirklich etwas kümmerlich dieser Baum.
Aber ihr mögt diesen Baum. Er macht euch Hoffnung:
Wie wird das sein, wenn dieser Baum groß und stark sein wird?
Wie wird das sein, wenn er Früchte bringt und ganz, ganz viele Blätter hat?

Ihr spielt gerne an diesem Baum. Und wenn ihr einen Kreis um ihn macht, dann ist es, als ob der Baum zu euch redet.
Heute erzählt ihr euch, so habe ich mir das ausgedacht, von eurem ersten Schultag.

»In meinem Bauch hat es tagelang gekribbelt.
Ich habe immer wieder an diesen Tag gedacht.
Wo werde ich in der Klasse sitzen?
Hoffentlich kenne ich überhaupt jemand in der Klasse.
Aber das Kribbeln kam auch vor Freude«, sagt Claudia.
»Ich freue mich auf diesen Tag, denn es fängt etwas ganz Neues an.«
Und Joni denkt jetzt an die Jungen und Mädchen, die mit ihm im Kindergarten waren. Er weiß, die kenne ich gut, die sehe ich immer wieder.

Jan sieht den Benjamin an und sagt: »He, was ist mit dir los? Wo bist du mit deinen Gedanken?«
Und Benjamin sagt: »Manchmal habe ich Angst und denke, dass ich mich in der großen ... Schule *(Namen der Schule einsetzen)* verlaufe.«

Christine hat auch schon daran gedacht und sagt zu den anderen:

»Irgendjemand wird sich schon finden, den wir fragen können. Jemand, der uns an die Hand nimmt. So, jetzt reicht es aber mit rumsitzen.«
Claudia ruft: »Kommt, lasst uns wieder um den Baum herum spielen.«

Aber komisch. Ihr spürt, irgendwie ist es heute anders an eurem Baum. Als wollte er euch etwas ganz Wichtiges für euer neues Leben in der Schule sagen.
Wie eine leise Stimme.
Man muss gut hinhören, wenn man genau verstehen will, was der Baum sagt.
Er sagt nicht viel, er weiß auch nicht immer was. Aber heute ist es, als ob er spricht:
Sieh mich, den Baum, an. Du kannst dich um Gottes Willen darauf verlassen.
So wie ich bekommst du Wurzeln in der Schule. Du wirst deinen Platz finden.
Wie eine leise Stimme:
Sieh mich, den Baum, an. Du kannst dich um Gottes Willen darauf verlassen.
So wie meine Blätter wirst auch du ein grünendes, blühendes Blatt am Schulbaum sein. Du bist wichtig für die Schule, für die anderen.

(Pause)

In der vergangenen Woche stand eine Lehrerin ganz allein an den Stamm des Baumes gelehnt. Sie ließ einen großen Seufzer los:
»Jetzt sind die Ferien zu Ende. In ein paar Tagen geht der Schultrott wieder los.«
Ihr fiel ein, wie giftig das Zusammenleben vor den Ferientagen geworden war. Sie dachte bei sich: »Ich schaffe es nicht, dass es besser wird.«
Und dann spürte sie den Baum an ihrer Seite. Und sie sah die grünen Blätter.
Und es war ihr, als wollte der Baum sagen:
So sollst du sein: wie ein grünendes Blatt.
Du sollst Lebenskraft für dich und deine Schülerinnen und Schüler haben.
Und dann dachte die Lehrerin an das Prophetenwort: *»Gesegnet der Mensch, der sich auf Gott verlässt, der ist wie ein Baum.«*

Ihr mögt diesen Baum.
Stellt euch vor: Zwei von euch (N.N. und NN.) treffen sich jeden Morgen vor dem Schulweg an diesem Baum. Und dann gehen sie zusammen zur Schule.
Das ist schön, wenn man sich trifft und Verabredungen einhält.
Wer will schon gerne stehen gelassen werden?
Aber gleich am Freitag! N.N. kommt zum Baum und wartet:
7.30 / 7.31 / 7.32 ... »Mist! 7.35 Uhr – jetzt gehe ich.«

Als N.N. zur Schule kommt, ist N.N. schon da: »Warum warst du nicht da?«
»Ich hatte keine Lust«, sagt N.N.
N.N. ist sauer.
N.N. tut nämlich so, als ob ihr das egal ist.
Und dann denkt N.N. an den Baum.
Er steht fest, er hat tiefe Wurzeln, als wollte er sagen:
Sieh mich an. Auf mich kannst du dich verlassen.
Mehr noch:
»Gesegnet der Mensch, der sich auf Gott verlässt, der ist wie ein Baum.«

Ja, und dann habe ich in der letzten Woche zwei ältere Männer an diesem Baum gesehen. Die suchten einen schattigen Platz.
Und auch sonst mögen sie unseren Baum. Sie erzählen sich viel von früher. Ganz oft erzählen sie vom Krieg. Letzte Woche auch.
Da reden sie von den Überlegungen, dass Amerika und andere Staaten in den schrecklichen Krieg in ... eingreifen sollen.
(Muss ggf. auf aktuelle Situation umformuliert werden.)
Der eine sagt immer: »Das geht nicht anders!«
Der andere meint: »Was können wir schon tun?
Die da oben bestimmen eh.«
Und dann schweigen sie einen Augenblick, als hörten sie auf die Stimme des Baumes:
Seht mich an. Ich bin noch jung.
Verletzlich, aber ich will leben und ich soll leben, grünen.

Gesegnet ist der Mensch, der Gott vertraut.
Der wird wie der Baum sein und sagen: Leben darf um Gottes willen nicht zerstört werden. Leben braucht Sorge, Liebe und Schutz.

Noch viele von euch waren unter dem Baum des Lebens. Manchmal fängt der Baum zu reden an.
Gott sei Dank.
Amen.

Aktion: Alle kommen zu dem Baum

(Nach der Erzählung kommen alle Schulanfangskinder nach vorne zum großen Baum. Jedes Kind bekommt einen aus grünem Tonkarton ausgeschnittenen Baum, an dem mit einer Büroklammer ein Blatt befestigt ist; s. Kopiervorlage S. 60. Auf dem Blatt ist der Name des Kindes geschrieben. Sowohl am Baum als auch am Blatt ist ein Faden durchgezogen; siehe Markierung auf der Kopiervorlage.
Jedes Schulanfangskind hängt sein mit Namen versehenes Baumblatt in den Baum.
Den Baum behält jedes Kind und schreibt nach der Segnung, wenn es wieder auf seinen Platz zurückgekehrt ist, mit seinen eigenen Stiften seinen Namen auf den Baum.)

Segnung der Schulanfangskinder

(Bevor die Kinder auf die Plätze in der Kirche zurückgehen, werden sie mit Handauflegung gesegnet. Kindern, denen die Handauflegung zu nahe ist, kann auch die Hand gereicht werden.
Einige wenige Kinder wollen beides nicht und gehen deshalb zurück auf ihren Platz.
Wenn auch Laien für die Segenshandlung ansprechbar sind, ist das ein gutes Zeichen für die Erfahrung, dass die Weitergabe des Segens kein Privileg allein der Ordinierten und Geweihten ist.)

N.N., Gott segne und behüte dich.
oder: N.N., Gott segne dich und mache dich stark wie einen Baum.
oder: N.N., Gott segne dich und beschütze dich auf deinen Wegen.

Segenslied: »Segne uns und mach uns Mut« (s. Seite 49)

▷▷▷

Fürbittengebete:

Pfarrerin/Pfarrer:
Herr, guter Gott,
heute merken wir, dass wir nicht alleine sind.
Wir gehören als Kleine und Große zusammen.
Wir gehen gemeinsam den ersten Schulweg.
Bleibe bei uns, wenn wir uns alleine fühlen.
Bleibe bei uns, wenn wir einen Weg alleine gehen müssen.
Darum beten wir gemeinsam, wenn wir singen:

Herr, erbarme dich ...
(Nach einer der Gemeinde bekannten Kyriemelodie singen.)

Erzieherin/Erzieher:
Herr, guter Gott,
wir danken dir für die Zeit im Kindergarten, die wir mit den Kindern, die heute in die Schule kommen, zusammen verbringen durften.
Wir bitten dich, vergib uns, was bei uns nicht gut war.
Wir wünschen, dass es den Kindern in der Schule gut geht,
dass sie Freundinnen und Freunde finden.
Darum beten wir gemeinsam, wenn wir singen:

Herr, erbarme dich ...

Vater:
Herr, guter Gott,
wir sind heute auch als Väter und Mütter unsicher und wissen nicht, wie unsere Kinder in der Schule klar kommen werden.
Wir möchten natürlich gerne, dass sie miteinander lernen
und fröhlich spielen.
Und wenn es Streit gibt, dass sie sich wieder vertragen können.

Mutter:
Herr, guter Gott,
unsere Kinder werden mehr und mehr ihre eigenen Wege gehen.
Darüber freuen wir uns, und manchmal fällt es uns schwer,
sie loszulassen.
Wir bitten dich, nimm unsere Kinder in deinen Schutz und behüte sie.
Wir beten und singen gemeinsam:

Herr, erbarme dich ...

Lehrerin/Lehrer:
Herr, guter Gott,
wenn neue Schülerinnen und Schüler in unsere Schule kommen,
sind wir gespannt, wie wir miteinander auskommen werden.
Hilf uns, dass wir aufeinander hören
und hilfreiche Gesten und Worte füreinander finden.
Darum bitten wir dich, wenn wir gemeinsam singen:

Herr, erbarme dich ...

Schülerin/Schüler der 4. Klasse:
Herr, guter Gott,
ich bin schon in der vierten Klasse.
Das finde ich gut.
Wir sind jetzt die Größten in der Grundschule.
Hilf uns, dass wir auf die Kinder der ersten Klasse Acht geben.
Hilf uns, dass sie sich bei uns wohlfühlen.
Darum bitten wir dich, wenn wir gemeinsam singen:

Herr, erbarme dich ...

Aaronitischer Segen

Der Herr segne euch und behüte euch.
Der Herr lasse sein Angesicht leuchten über euch und sei euch gnädig.
Der Herr erhebe sein Angesicht auf euch und gebe euch Frieden.
(nach 4. Mose/Numeri 6,24–26)

Orgel- und Trompetenmusik begleiten uns nach Hause und in die Schule.

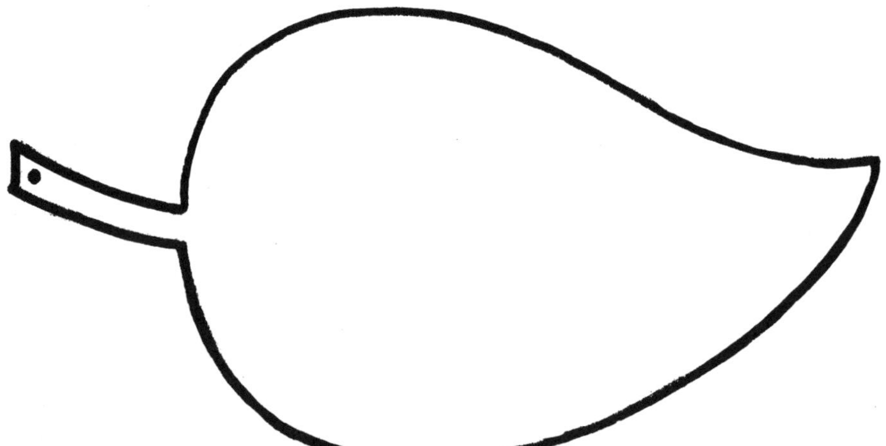

Alles muss klein beginnen

Theologische und religionspädagogische Überlegungen

Alle Kinder machen die Erfahrung, dass sie klein sind und oft als zu klein (jung) gelten. Die Eltern erzählen, wie klein man einmal war, und bei anderen Kinder kann man es beobachten. Damit hängt der Wunsch zusammen, groß zu werden, zu wachsen, um bald zu den Großen zu gehören.
Der Übergang vom Kindergarten in die Grundschule ist eine markante Stufe im Prozess des »Größerwerdens« eines Kindes.
Auch das Wachstum in der Natur, vom Samenkorn zur Pflanze, ist für Kinder ein bekanntes Phänomen. Das Gleichnis vom Senfkorn greift diese Erfahrung der Menschen auf, wobei der Schwerpunkt auf der Winzigkeit dieses Samenkorns im Vergleich zu der späteren Größe des Baumes liegt, der sich daraus entwickelt.
Das ist für Jesus der Vergleichspunkt mit der Ausbreitung des Reiches Gottes, um das es in diesem Gleichnis geht: Auch wenn es am Anfang ganz unscheinbar und winzig ist, führt es dennoch mit Gewissheit zu einem großen und wunderbaren Ende. Natürlich bedarf es einiger Zeit und etwas Geduld.
So ist es mit dem Leben und Wachsen eines jeden Kindes. Einmal ins Leben gerufen, ist ihm die Zusage und Gewissheit gegeben, Zukunft zu haben. Diese Zusage soll für die Kinder in diesem Gottesdienst erfahrbar werden.

Denkzettel zur Vorbereitung

Vorbereitungen

▷ Für jedes Kind wird ein kleiner Blumentopf aus Ton gebraucht (ca.10 cm hoch). Auf den Rand ist mit einem dünnen Edding-Stift das Wort »Schulanfangsgottesdienst« und das Datum der Einschulung geschrieben. Es ist noch genügend Platz frei zu halten, dass später jedes Kind seinen Namen mit einem grünen Buntstift darauf schreiben kann. Die Töpfe sind mit Blumenerde gefüllt und werden am Eingang jedem Kind in die Hand gegeben.

▷ Samenkörner sind in verschiedenen kleinen Körbchen oder Schalen bereitzuhalten, um sie später durch die Bankreihen zu reichen, damit jeder und jede sich einige Körner herausnehmen kann, um sie in den Blumentopf zu säen.

▷ Im Altarraum stehen als Schmuck mehrere Bäume in großen Blumentöpfen. Der Fußboden um den Altar wird mit braunem Packpapier oder mit einem großen braunen Tuch ausgelegt. Dies soll die Erde darstellen. Dort wird die Bewegungsübung zum Wachsen des Samenkorns von einem oder mehreren Erwachsenen (z.B. Lehrerinnen oder Erzieherinnen) durchgeführt. Mit dieser Übung wird der Bibeltext (Markus 4,30–32) ausgelegt.

▷ Das Lied »Kleines Senfkorn Hoffnung« ist vom Text und von der Melodie her für Kindergartenkinder etwas schwierig. Wir wollten aber nicht darauf verzichten, weil es vom Inhalt so gut passt, und es sind ja nicht nur Kinder im Gottesdienst. Bei den anderen Liedern war die Unterstützung durch den Kinderchor hilfreich. Trotzdem sollte man den Liedzettel vorher in die Kindergärten geben, damit die Lieder nicht ganz unbekannt sind.

■ Ablauf des Gottesdienstes

Orgel- und Trompetenmusik zur Begrüßung der neuen Schulkinder

Begrüßung

Liebe Mädchen und Jungen, die heute in die Schule kommen.
Euch begrüße ich jetzt hier in der Kirche ganz besonders.
Dies ist euer Tag und euer Gottesdienst !
Ihr sollt das jetzt richtig merken, wie wichtig und groß ihr seid.
Ihr dürft etwas machen, was wir nur heute in der Kirche tun:
Stellt euch einmal auf die Bank, auf der ihr sitzt,
damit wir euch alle sehen können.
Wir freuen uns, dass ihr so groß geworden seid.
Wir freuen uns und darum klatschen wir jetzt für euch.
(In die Hände klatschen und die Schulanfangskinder ehren.)
Jetzt setzt euch wieder.
Mit dem Klatschen freuen wir uns über euch.
Ein Gruß allen, die mit euch gekommen sind:
Eure Mütter und Väter, Großeltern, Patinnen und Paten, Verwandte.
Sie alle haben euch geholfen, so groß zu werden.
Sie haben für euch gesorgt. Sie sind stolz auf euch.
Für sie alle klatschen wir jetzt auch in die Hände.
(In die Hände klatschen.)
Hier in der Kirche loben wir Gott, wenn wir in unsere Hände klatschen.
Wir sagen: Gott sei Dank, jetzt ist es soweit.
Im Namen dieses Gottes, des Vaters und des Sohnes und des Heiligen Geistes feiern wir jetzt euren Schulanfang.

Lied: »Alles muss klein beginnen« (LJ 474, KG 46)

Wir hören Worte aus der Bibel, wie alles klein beginnt und dann wächst und wächst.

Lesung: Markus 4,30–32

Gebet

Was klein ist, guter Gott, wird groß.
Wir haben es gerade gehört.
Das Senfkorn, winzig am Anfang, wird groß.
Ganz groß.
Unser Kind, winzig noch vor ein paar Jahren,
jetzt kommt es in die Schule.
Wir staunen und freuen uns.
Du gibst deinen Segen und deine Güte zu allem Wachsen.
In allem, was uns heute dankbar macht,
in allem, was uns heute fehlt,
bist du verborgen da.
Mach unseren kleinen Glauben groß.

Der Kinderchor singt die 1. Strophe von »Kleines Senfkorn Hoffnung«
(LJ 580, SL 269)

Aktion zur biblischen Geschichte

Liebe Schulanfangskinder,
ich stelle mir vor, Jesus sagt zu euch:
Probiert das doch mal aus.
Du, David.
Du, Katharina.
Du, Nora.
Du, …
Probiert das doch mal aus und pflanzt ein paar winzige Samenkörner.

Und ihr werdet sehen: Die kleinen Samenkörner, die ihr heute in der Erde nicht sehen könnt, wachsen und werden groß.
Das will Gott so. Darauf freut sich Gott.
Stellt euch vor, ihr Schulanfangskinder seid wie Samenkörner:
Gott will euch wachsen lassen, das glauben wir. Gott freut sich auf euch.
Das seht ihr heute hier in der Kirche und in der Schule:
Menschen freuen sich auf euch, auf dich und auf dich und auf dich.
(Zeigt in die Gruppe der Schulanfänger/innen.)
Also: Wir probieren es jetzt aus. Nehmt aus dem Korb, der herumgeht, ein paar Samenkörner und legt sie in die Erde in euren Blumentopf, den ihr beim Hereinkommen bekommen habt!
Die Lehrerinnen und Lehrer kommen mit den Körnern zu jedem und zu jeder.
Niemand wird vergessen.
Wenn ihr die Körner in die Erde gelegt habt, holt einen Buntstift aus eurem Ranzen, am besten einen grünen Stift, und schreibt euren Vornamen auf den Blumentopf.
Deine Mutter oder dein Vater hilft dir, wenn du es alleine nicht schaffst.
(Dazu singt der Kinderchor alle Strophen des Liedes: »Kleines Senfkorn Hoffnung«.)

Liebe Schulanfangskinder, auf den Blumentöpfen steht euer Name. Das heißt so viel wie: Ich bin heute wie die Samenkörner in meinem kleinen Topf.
Wir machen dazu jetzt ein Spiel. Gebt für eine kurze Zeit den Blumentopf eurer Mutter, lasst die Schultasche und die Schultüte liegen und kommt hierher nach vorne!
(Die Kinder kommen zu den Bäumen im Altarraum.)
Hier vorne seht ihr große Bäume. Zeichen der Hoffnung:
Aus kleinen Pflanzen werden große Bäume.
(Der Boden ist mit braunem Plakatpapier oder einem entsprechenden Tuch ausgelegt.)
Hier vorne sieht der Boden wie Erde aus. Seht jetzt auf Frau N.N., die euch etwas vormacht. Ihr versucht dasselbe nachzumachen.

Auslegung des Bibeltextes	*Beschreibung der Bewegungen*
Wir sind jetzt die Samenkörner.	
Wir sind ganz klein. *Orgelmusik*	*Alle machen sich ganz klein, knien sich auf die Erde, legen den Kopf auf die Knie und die Arme ganz fest um Kopf und Oberkörper, bis alle ganz klein und rund sind.*
Manchmal ist das schön, sich so klein zu machen.	

Aber manchmal auch überhaupt nicht.
Dann willst du lieber groß und stark sein.
Jetzt, heute, am Anfang der Schule
darfst du klein sein.
Und niemand soll sagen:
Du bist ja noch so klein.

Orgelmusik

Die Samenkörner liegen in der Erde.
Da sind sie gut aufgehoben.
Da ist es hart und weich,
warm und kalt.
Da ist alles, was die Samenkörner brauchen.
Heute ist auch alles da, was du brauchst.

Orgelmusik

Sonne und Regen kommen,
die Samenkörner beginnen zu wachsen.
Du denkst an deine Mutter,
an deinen Vater.
Du denkst an deine Großmutter,
an deinen Großvater,
die mitgeholfen haben,
dass du groß geworden bist.
Du denkst an die Zeit,
die Gott dir und anderen geschenkt hat.

Alle lösen die Arme, heben den Kopf und den Oberkörper und schauen nach oben, schauen sich um und sehen einander an.

Orgelmusik

Die Samenkörner werden größer
und größer.
Manchmal, daran denke ich jetzt,
haben wir uns gemessen.
Besser müsste ich sagen:
wir sind gemessen worden.
Die Väter sind über jeden Zentimeter,
den wir größer geworden sind,
besonders stolz.
Und manchmal hat die Oma zu dir gesagt,
wenn sie dich lange nicht gesehen hat:
»Kind, du bist groß geworden.«
Einmal hast du gehört,
da hat deine Mutter gesagt:
»Ach, am liebsten hätte ich,
wenn mein Kind immer klein bliebe.«
So ein Unsinn.

Alle stehen ganz langsam auf und strecken ihren Körper, bis sie aufrecht stehen.

Orgelmusik

Die Pflanze kommt aus der Erde. Sie wächst und wird sehr groß. Wer hätte das gedacht! Aus so einem winzig kleinen Korn so etwas Großes. Na ja, wir können uns das erklären. Aber es ist auch wie ein Wunder. Darum sagen wir heute: Gott sei Dank. Danke, lieber Gott, dass du etwas aus mir machst. Ich kann schon ... (Einige Fertigkeiten der Kinder aufzählen.)	*Alle strecken langsam die Arme in die Höhe, so hoch sie können, und stellen sich auf die Zehenspitzen.*

Orgelmusik

Die Pflanze wird ein großer Baum. Die Vögel können in den Zweigen wohnen. Ja, heute merke ich: Ich bin ja nicht für mich allein auf der Welt. Ich brauche die anderen und die brauchen mich.	*Alle sehen, wie groß sie geworden sind und bewegen ihre Arme hin und her.*
In der Schule sind wir füreinander wichtig: ihr Kinder füreinander, die Lehrerinnen für die Kinder. Aber auch: Die Kinder für die Lehrerinnen.	*Alle fassen sich oben in der Luft gegenseitig an den Händen, ganz oben »in den Zweigen«.*

Orgelmusik

Der Wind bläst durch die Zweige und die Bäume bewegen sich im Wind. Ist das gut, dass ich heute ein Schulanfänger bin. 140 sind ein bisschen viele, aber gut, dass wir viele sind. Gemeinsam sind wir stark. Die erste Klasse übersieht ab heute so schnell niemand. Hoffentlich reichen wir uns morgen	*Gemeinsam bewegen alle ihre Arme und ihre Körper wie Zweige im Wind.*
auch unsere Hände. Doch, warum nicht? Heute habe ich hier in der Kirche große Hoffnung bekommen. Danke, Gott, du machst uns große Hoffnung. Segne uns und mach uns Mut. Amen.	*Langsam hört die Bewegung auf. Jeder nimmt seine Arme herunter, aber alle halten sich weiter an den Händen.*

Das singen wir jetzt. Der Kinderchor hilft uns dabei.
Und dann segnen wir euch: Wir legen die Hände auf euren Kopf und sagen: »Gott hat dich lieb und segne dich«.

Lied: »Segne uns und mach uns Mut«

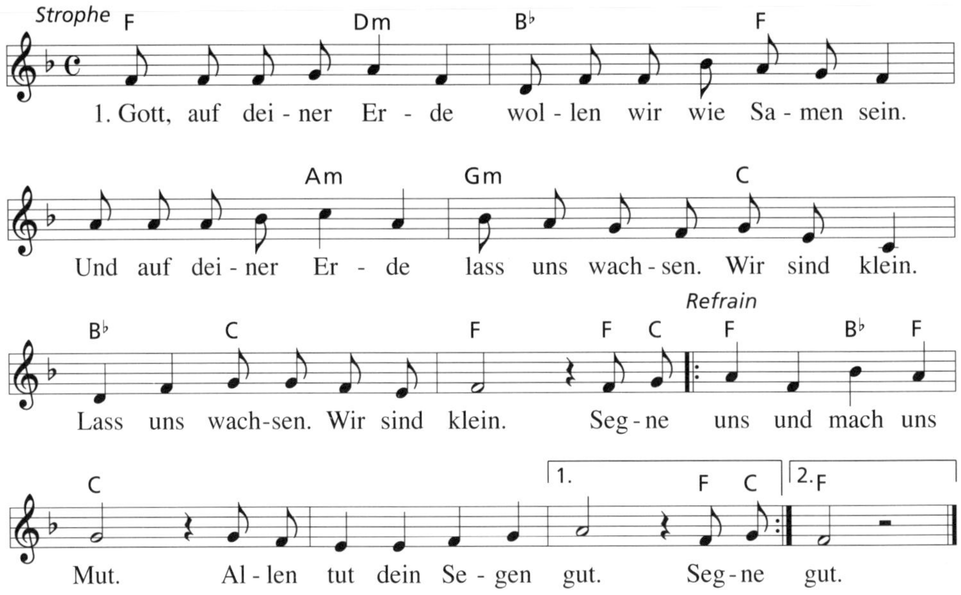

Text: Reinhard Bäcker
Musik: Detlev Jöcker

2. Gott, in deinem Garten
wollen wir wie Blumen sein.
Und in deinem Garten
lass uns blühen. Wir sind klein.
Lass uns blühen. Wir sind klein.

Refrain:
Segne uns und mach uns Mut ...

3. Gott, im Baum des Lebens
wollen wir wie Vögel sein.
Und im Baum des Lebens
lass uns wohnen. Wir sind klein.
Lass uns wohnen. Wir sind klein.

Refrain:
Segne uns und mach uns Mut ...

4. Gott, an deinem Himmel
wollen wir wie Sterne sein.
Und an deinem Himmel
lass uns leuchten. Wir sind klein.
Lass uns leuchten. Wir sind klein.

Refrain:
Segne uns und mach uns Mut ...

5. Gott, auf deiner Erde
woll'n wir deine Kinder sein.
Und auf deiner Erde
lass uns leben. Wir sind klein.
Lass uns leben. Wir sind klein.

Refrain:
Segne uns und mach uns Mut ...

6. Unter deinem Segen
können wir geborgen sein
und zum Segen werden
für die Großen. Wir sind klein.
Für die Großen. Wir sind klein.

Refrain:
Segne uns und mach uns Mut ...

Segnung der Kinder
(Zur Gestaltung siehe »Rituale im Schulanfangsgottesdienst« S. 14)

NN., Gott hat dich lieb und segne dich.
(Wenn alle gesegnet worden sind, gehen die Kinder zurück an ihre Plätze.)

Fürbittengebete

Pfarrerin/Pfarrer:
Gott der Hoffnung,
du machst uns Mut, in die Zukunft zu gehen.
Wir vertrauen dir.
Auch wenn unser Mut noch so klein ist, er wird wachsen.

Mutter/Vater:
Gott unseres Lebens,
du machst uns Mut, für unser Kind zu sorgen.
Wir wissen, dass wir nicht alles selbst machen können.
Darum bitten wir dich:
Beschütze die Seele unseres Kindes, dass sie stark werde.

Lehrerin/Lehrer:
Gott unserer Arbeit,
du machst uns Mut für unseren Beruf.
Schaue gütig auf uns,
damit wir uns angesehen wissen
und die Kinder Vertrauen bei uns finden.

Schülerin/Schüler:
Gott in der Schule,
du machst uns Mut zum Lernen.
Bleibe bei uns, wenn wir das Gefühl haben,
dass wir nicht weiter kommen.
Hilf, dass wir uns auch gegenseitig mutig machen.
Schenke uns dafür gute Ideen.

Pfarrerin/Pfarrer:
Gott aller Menschen,
du machst uns heute Mut, für unsere Welt zu beten:
Wir bitten dich für alle Kinder,
die keine Schule haben und nichts lernen.
Schaffe Gerechtigkeit für alle Kinder auf der Welt.
So beten wir jetzt gemeinsam wie Jesus:

Vater unser ...

Lied: »Geh aus mein Herz« (s. Seite 24)

Sendung und Segen:

Geht nun euren Weg in die Schule,
in eure Familien, in euer Leben,
im Frieden und mit dem Segen unseres Gottes:

Der Gott der Kraft segne und behüte dich.
Er schaue freundlich auf dich.
Er stärke dich und gebe dir Mut.
Und wenn du traurig wirst,
tröste er dich wie eine gute Mutter.
Geht und seid ganz in seinem Frieden.
Amen.

Orgel- und Trompetenmusik begleiten uns auf dem Weg in die Schule und nach Hause.

Gott trägt uns wie in einem Tuch

Theologische und religionspädagogische Überlegungen

»Gott, dein guter Segen ist wie ein Mantelkleid ...« (LJ 382, KG 220 und in: »Komm in Gottes Schöpfungsgarten«, dem ersten Band der Reihe »Materialien zur Gemeindearbeit«, S. 122). Dieses Lied hat uns zu diesem Gottesdienst inspiriert und soll vor und nach dem Segnen der Kinder in besonderer Weise entfaltet werden.
Das Symbol »Mantel« in dem Bibeltext (Jesaja 61,10), den wir gewählt haben, ist nicht auf ein bestimmtes Kleidungsstück bezogen, sondern steht allgemein für Kleidung, für Gewänder, für Schutz und Schmuck. Und so steht das ausgewählte Symbol Tuch durchaus in der Intention des biblischen Textes. Gott umgibt mich mit seinem Schutz, seiner Fürsorge, seiner Liebe. Er weiß, was ich brauche, er trägt mich. Seine Liebe tut gut, sie zeichnet mich aus, sie schmückt mich wie ein kostbares Geschmeide.
Im Leben der Kinder spielt die Kleidung eine wichtige Rolle. Es gibt Lieblingskleidung, die sie immer wieder anziehen möchten, Kleidung für bestimmte Anlässe und solche, die ihren Träger besonders auszeichnet und ein Erkennungszeichen für ihn ist (z.B. ein besonderes Trikot beim Sport oder die Uniform des Polizisten oder der Briefträgerinnen).
Das bunte Dreiecktuch in den verschiedenen Farben des Regenbogens, als Schmuck um den Hals gebunden, wird zum Erkennungszeichen der Schulanfänger/innen.
Mit der Geschichte von Anna und Andreas und Meister Meter wird es als Zeichen für den Glauben an einen guten Gott, der mich liebt und trägt und mich in den Arm nimmt, gedeutet. Er kommt mir nahe in den Menschen, die mir in Liebe und Zuneigung, in Sorge und Verantwortung begegnen.
Wenn die Kinder ihr Tuch vom großen Radleuchter (siehe Titelbild) in der Kirche abnehmen, müssen sie von einem starken Erwachsenen auf die Schultern genommen und getragen werden (z.B. Väter). Auch hier ist uns wieder der erfahrbare Zusammenhang zwischen Symbol, Bibeltext und Tun in diesem Gottesdienst wichtig.

Denkzettel für die Vorbereitung

Vorbereitungen

- ▷ Die Dreiecktücher wurden aus Futterstoff (Futterseide) in den Farben des Regenbogens hergestellt (rechtwinkliges Dreieck, Längsseite ca. 100 cm). Das Textilgeschäft, in dem der Stoff gekauft wurde, hatte uns den Stoff bereits in Dreiecke geschnitten.
- ▷ Die Seiten werden mit der Nähmaschine gesäumt oder mit Zickzackstich umrandet und danach mit einem Stofffarbstift beschriftet. Es wurde darauf geschrieben: »Schulanfangsgottesdienst« und die Jahreszahl.
- ▷ Das Nähen und Beschriften beanspruchte bei uns einen Nachmittag mit drei bis fünf Personen und drei Nähmaschinen.
- ▷ Wenn die bunten Tücher an einem großen Gymnastikreifen oder – wie bei uns – an einem Radleuchter aufgehängt werden, sind sie ein besonderer

Schmuck für den Gottesdienst und außerdem Voraussetzung für die »Aktion des Abnehmens«.

▷ Es ist hilfreich, wenn die Kinder die Lieder für den Gottesdienst schon im Kindergarten gelernt haben.

Der Gottesdienst

■ Ablauf des Gottesdienstes

(Im Altarraum sind bunte Dreiecktücher aufgehängt, siehe »Denkzettel für die Vorbereitung S. 69)

Fröhliche Orgel- und Trompetenmusik zur Eröffnung des Gottesdienstes

Begrüßung

Liebe Mädchen und Jungen, die heute in die Schule kommen.
Euch begrüße ich jetzt hier in der Kirche ganz besonders.
Dies ist euer Tag und euer Gottesdienst !
Ihr sollt das jetzt richtig merken, wie wichtig und groß ihr seid.
Ihr dürft etwas machen, was wir nur heute in der Kirche tun:
Stellt euch einmal auf die Bank, auf der ihr sitzt,
damit wir euch alle sehen können.
Wir freuen uns, dass ihr so groß geworden seid.
Wir freuen uns und darum klatschen wir jetzt für euch.
(In die Hände klatschen und die Schulanfangskinder ehren).
Jetzt setzt euch wieder.
Mit dem Klatschen freuen wir uns über euch.
Hier in der Kirche loben wir Gott, wenn wir in unsere Hände klatschen.
Hier in der Kirche loben wir Gott, wenn wir jetzt singen.
Wenn wir singen, machen wir das, was wir singen.
Ich zeige euch das und ihr macht es mir nach.

Lied: »Ein neuer Tag ist da« (s. Seite 38)

Psalmgebet: »Geborgen ist mein Leben in Gott«

Geborgen ist mein Leben in Gott.
Er hält mich in seinen Händen.

Manchmal habe ich große Angst.
Ich bin ganz allein. Wer ist da, der mich tröstet?

Manchmal bin ich sehr traurig.
Oft weiß ich nicht einmal, warum.
Wer ist da, der mich in seinen Arm nimmt?

Geborgen ist mein Leben in Gott.
Er hält mich in seinen Händen.

Manchmal habe ich das Gefühl,
dass niemand mich leiden mag.
Oft mag ich mich selbst nicht.
Wer ist da, der mich verstehen kann?

Manchmal bin ich feige.
Ich schweige, wenn ich reden sollte.
Ich rede, wenn ich schweigen sollte.
Mir fehlt der Mut, das Rechte zu tun.
Wer ist da, der mir hilft?

Geborgen ist mein Leben in Gott.
Er hält mich in seinen Händen.

(Aus: »Bei dir bin ich zu Hause«, hrsg. v. Lutz Geiger und Gottfried Mohr, Verlag Junge Gemeinde, Leinfelden-Echterdingen, 2001)

Lied: »Gottes Liebe ist so wunderbar«
(KG 146, SL 151 u. »Komm in Gottes Schöpfungsgarten«, dem ersten Band der Reihe »Materialien zur Gemeindearbeit«, S. 121)

Eine Geschichte nach Jesaja 61,10

Erzählung mit Aktionen

Liebe Schulanfangskinder,
den Schreinermeister Eder und seinen Pumuckel kennt ihr alle.
Fast alle.
Das Tolle beim Pumuckel ist, dass er sich unsichtbar machen kann,
wenn er Unfug gemacht hat oder auch sonst.

Aber ich finde es ebenso gut, dass ihr Schulkinder und wir Erwachsenen
uns nicht unsichtbar machen können.
Im Gegenteil: Du wirst gesehen.
Du hast einen Namen.
Deine Lehrerin kennt deinen Namen.
Die meisten können ihren Namen schreiben.
Niemand von euch muss sich heute verstecken oder weglaufen.
Die Menschen, die heute mit euch zusammen sind,
meinen es gut mit euch.

Ich finde noch etwas beim Pumuckel ganz großartig:
Der hat einen echten, guten Freund: den Meister Eder.
Der versteht ihn. Der schützt den Kobold.
Und wenn es sein muss, trägt er ihn.

Heute aber denke ich an Anna und Andreas.
Die beiden sind ungefähr so alt wie ihr. Fast sechs Jahre.
Sie haben auch so einen Freund.
Das ist allerdings kein Schreinermeister, sondern ein Schneidermeister.
Und der heißt nicht Eder, sondern Meter.
Schneidermeister Meter.

Anna und Andreas gehen gerne zum Herrn Meter.
Es riecht so gut nach Stoff bei ihm und manchmal, ganz selten,
kriegen die beiden beim Meister Meter eine Cola.
Das gibt es zu Hause nicht.
Niemals.

Aber das Beste für Anna und Andreas ist: der Meister Meter kann zuhören.
Die beiden können ihm **alles** erzählen.
Wichtiges und Unwichtiges.
Schönes und Trauriges.
Freches und Braves.
Sie können ihm auch von ihren Freundinnen und Freunden,
sogar von ihren Feinden erzählen.
Beim Meister Meter können sich die beiden so richtig das Herz ausschütten.

Wenn er zuhört, dann kann er nebenher weiter nähen.
Meistens macht er dunkle Kleider für die vornehmen Leute.

Aber, was ist das heute?
Anna und Andreas kommen in die Schneiderwerkstatt gerannt.
Da liegen lauter bunte Stoffe. Ganz viele.
»Was ist denn hier los?«, fragen die beiden.
»Tja«, sagt der Meister Meter und guckt selbst etwas hilflos.
»Am Samstag ist Schulanfangsgottesdienst in der N.N.-Kirche.
(Zahl nennen) Kinder kommen in die N.N.-Schule.
Und jedem Kind soll ich ein Tuch nähen.
Und Meister Meter wischt sich den Schweiß von der Stirn.
»Ich weiß auch nicht, was das soll und ob ich das bis Samstag schaffe!
Und denkt mal: die wollen die Tücher an den kostbaren Radleuchter (an einen Gymnastikreifen) in der N.N.-Kirche aufhängen.«

Anna hat sofort entdeckt: »Aha, das sind die Farben vom Regenbogen.«
Und sie denkt an die Geschichte von den Menschen, die an Gottes Versprechen glauben: Ich will euch, die ganze Welt tragen.

Aber Andreas denkt: Was sollen die Schulanfängerinnen und -anfänger mit Tüchern?
Er weiß von seiner großen Schwester: Wenn man in die Schule kommt, bekommen die meisten ein schönes neues Kleid oder eine Hose oder einen Pulli. Aber ein Tuch?
(Alle schauen sich die Tücher an.)

»Was soll das, Meister Meter?«, fragt er.
Der Meister Meter guckt den Andreas etwas unsicher an und zuckt ein bisschen mit seinen Schultern.
»Also, das soll wohl ein Zeichen für den Glauben sein.«
»Meister Meter, seit wann verstehst du was vom Glauben?«

(Pause)

»Aber Recht hat er doch.«

Und Andreas fällt auch die Regenbogengeschichte ein.
Da fängt etwas Neues, ganz Neues an.
Der Glaube weiß: Gott trägt mich,
wie in einem Tuch trägt er mich.
Gott nimmt mich in seine Arme.
Und wenn nötig, trägt er mich huckepack auf den Schultern.

Andreas denkt an die neuen Kleider, die Schulkinder anhaben.
Manche gefallen ihm, manche findet er doof.
Aber Andreas kann sich vorstellen:
das Tuch passt und ist ein schönes Zeichen für den Glauben.
Gott geht den neuen Weg mit mir.
Er trägt mich wie in einem Tuch.

Von der Werkstatt des Meisters Meter aus kann man noch einen Teil des Schulhofs sehen.
Anna sieht, wie eine Lehrerin ihren Arm um Franziska legt,
weil sie angerempelt worden ist.
Und sie sieht eine andere Lehrerin, die gut zuhört,
was die Kinder ihr erzählen.

»So ist das wohl mit dem Glauben«, denkt sie.
»Den sehen wir so wie in solchen Tüchern und spüren ihn mit solchen Menschen, die den Arm um einen legen und die einen tragen.«

Als Anna und Andreas heute nach Hause gehen, sagt Andreas:
»Ich finde, Meister Meter ist ein guter Freund.
Findest du nicht auch?«
Und Anna nickt.
Amen.

Lied: »Getragen, getragen«

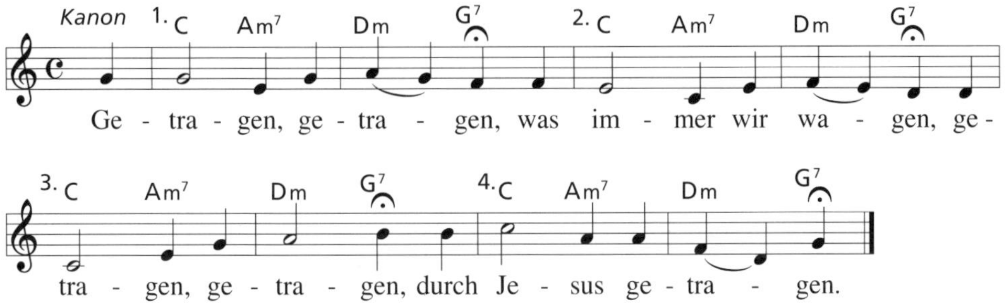

Text: W. Wallrich.
Musik: Detlev Jöcker.

Aktion und Segnung der Kinder:

(Die Schulanfangskinder kommen – möglichst mit ihren Vätern – in den Altarraum und versammeln sich unter den Radleuchter bzw. Gymnastikreifen, der mit den Tüchern behängt ist.)

Jedes Schulanfangskind bekommt im Altarbereich ein Tuch umgelegt und wird mit Handauflegung gesegnet.

(Zur Gestaltung siehe: »Rituale im Schulanfangsgottesdienst« S. 14. Die/der Segnende legt ihre/seine Hände seitlich auf den Kopf des Kindes, erfragt seinen Namen und spricht dann:)

N.N., Gott segne und behüte dich.
Oder:
N.N., Gottes Hände schützen dich.
(Nach der Segnung gehen die Kinder zurück an ihre Plätze.)

Lied: »Gott, dein guter Segen ist wie ein großes Zelt« (1. und 3. Strophe)
(LJ 382, KG 220 und in: »Komm in Gottes Schöpfungsgarten«, dem ersten Band der Reihe »Materialien zur Gemeindearbeit«, S. 122)

Fürbittengebet

Pfarrerin/Pfarrer:
Gott, du Angstvertreiber,
du bist voller Liebe und Geduld.
Du bleibst an unserer Seite.
Manchmal merken wir es nicht.
Aber heute, wenn wir so miteinander in der Kirche Gottesdienst feiern,
dann merken wir: die Furcht fliegt weg.
Deshalb sprechen wir uns gegenseitig zu:

Fürchte dich nicht!

Mutter:
Gott, du Mutmacher,
du bist voller Liebe und Geduld.
Du weißt, wie oft uns als Mütter und Väter der Geduldsfaden gerissen ist.
Manchmal war das nötig, manchmal war das schlimm für uns
und für unser Kind.
Du fängst immer wieder neu mit uns an.
Darum fürchten wir uns nicht vor dem Neuen
und sprechen uns gegenseitig zu:

Fürchte dich nicht!

Lehrerin:
Gott, du Händereicher,
du bist voller Liebe und Geduld.
Wenn etwas ganz Neues für uns anfängt, dann brauchen wir jemanden,
der uns sagt: Fürchte dich nicht.
Wir brauchen Fantasie und Ausdauer, Verständnis, Arbeit und Ruhe.
Du kennst unsere Bitten und Hoffnungen,
darum sprechen wir ohne Scheu:

Fürchte dich nicht!

Vater unser ...

Lied: »Gott, dein guter Segen ist wie ein Mantelkleid« (Strophe 5)
(LJ 382, KG 220 und in: »Komm in Gottes Schöpfungsgarten«, dem ersten Band der Reihe »Materialien zur Gemeindearbeit«, S. 122)

Aaronitischer Segen

Der Herr segne euch und behüte euch.
Der Herr lasse sein Angesicht leuchten über euch und sei euch gnädig.
Der Herr erhebe sein Angesicht auf euch und gebe euch Frieden.
(nach 4. Mose/Numeri 6,24–26)

Kleines Lebensbuch zum Schulanfang

Theologische und religionspädagogische Überlegungen

Für jedes Kind ist der Ranzen mit den neuen Schulbüchern ein wichtiges Zeichen, nun ein Schulkind zu sein. Bücher hatten und liebten die meisten Kinder auch schon vorher: Bilderbücher, Malbücher, Vorlesebücher u.a.. Die Schulbücher geben den Kindern einen neuen Status. Sie sind besonders wichtig. Es sind Bücher zum Lernen. Die Einschulung wird in Bezug auf das Lernen sinnvoll erlebt, sowohl aus der Sicht des Kindes wie auch der Eltern.
Wenn im Psalmvers dieses Gottesdienstes von einem Buch die Rede ist, in das alle Lebenstage eingeschrieben sind, so sagt das etwas über die Wichtigkeit der Person und die Einmaligkeit dieses Lebens aus. Dieser wichtige und einmalige Mensch ist von Gott umgeben und zwar von allen Seiten. Eingehüllt wie in einen warmen Mantel umgibt mich Gott mit seiner Liebe und Sorge. Wie immer das Leben abläuft, Gott bleibt dabei. Er lässt mich nicht fallen, er steht treu zu seiner Zusage: Ich habe dich erwählt, ich habe deinen Namen in mein Buch des Lebens geschrieben, du kannst dich auf mich verlassen, nichts von deinem Leben geht verloren.

> Gott sagt zu dir: »Ich habe dich lieb.
> Ich wär so gern dein Freund!
> Und das, was du allein nicht schaffst,
> das schaffen wir vereint.«

In diesem Lied kommt auf kindlich verständliche Weise dieses Vertrauen zum Ausdruck.
Während der Aktion schreibt jedes Kind seinen Namen in sein Lebensbuch. Ein Zeichen, dass das eigene Tun wichtig ist für das Leben. Mein Leben ist auch meine Sache. Es ist nicht nur eine Gabe, sondern auch eine Aufgabe.
Außer dem eigenen Namen sollen noch viele andere Namen in dem kleinen Lebensbuch Platz finden: Namen von Menschen, die am heutigen Tag dabei sind. Namen von Kindern, mit denen gemeinsam der Schulweg begonnen wird. Namen von Lehrerinnen und Lehrern, die in dem neuen Lebensabschnitt für mich da sein werden.
Viele Menschen umgeben mich mit ihrer Zuwendung, ihrer Hilfe, ihrer Verantwortung. Sie alle gehören mit in mein Lebensbuch. Durch sie erfahre ich die Wirksamkeit der Zusage Gottes in meinem Leben, wie sie im Lied zum Ausdruck kommt:

> Gott, dein guter Segen ist wie des Freundes Hand,
> die mich hält, die mich führt in ein weites Land.
> Guter Gott, ich bitte dich: Führe und begleite mich.

Alles, was am ersten Schultag wichtig ist und eine Rolle spielt, wird in dem kleinen Lebensbuch zum Schulanfang festgehalten. Es kann immer wieder angesehen werden. Es soll noch lange an diesen Tag erinnern und an den Gottesdienst, in dem das Buch überreicht wurde.

▷▷▷

Vorbereitungen

Denkzettel für die Vorbereitung

▷ Für die Herstellung des Lebensbuches wird die Mithilfe der Schule benötigt.

▷ Das »Kleine Lebensbuch zum Schulanfang« hat DIN A 5-Größe. Ein Tonkarton im Format DIN A 4 wird auf A 5 gefaltet und bildet den Umschlag. Auf der Vorderseite des Umschlages steht in Druckbuchstaben **»Kleines Lebensbuch zum Schulanfang«**, außerdem ist das Datum der Einschulung und auch der Name der Schule.

▷ Folgende Seiten werden in das Buch geheftet:

— Fotos der Schule und Kirche
Eventuell auf der 2. Umschlagseite beginnen.

— »Das bin ich«
Eine freie Seite für das eigene Foto.

— Ein gemaltes Bild »Herzlich willkommen in der Schule«
Die Bilder werden bereits vor Schuljahresende von Schülern und Schülerinnen der aufnehmenden Schule gemalt.

— Diese Menschen waren bei meiner Einschulung dabei:
Eine freie Seite für Namen, Bilder, gute Wünsche.

— Ein Doppelblatt mit dem Gottesdienstablauf

— Ein Segensspruch (s. Seite 83)

— Zwei Seiten unter der Überschrift:
»Das sind meine neuen Klassenkameraden und meine Lehrerin«

— Eine Seite mit dem Psalmvers:
»Gott, du umgibst mich von allen Seiten.
Alle Tage meines Lebens sind in dein Buch geschrieben.«

▷ Die dritte und vierte Umschlagseite wurde bei uns frei gelassen.
Das Buch wird mit einer Heftklammer oder einem bunten Wollfaden zusammengehalten.

▷ Das Kopieren, das Einkleben der Bilder und das Heften der Bücher erfolgte zum Teil in der Schule und zum Teil in der Gemeinde. Die Bücher müssen vor Beginn der Sommerferien fertig sein.
Eine rechtzeitige Kontaktaufnahme und Absprachen zwischen den Verantwortlichen der Kirchengemeinden und der Grundschule muss stattfinden.

▷ Geschwisterkinder eines Schulanfängers werden gefragt, ob sie ein Fürbittengebet übernehmen wollen.

▷ Die Lieder werden rechtzeitig den Kindergärten mitgeteilt, damit sie mit den angehenden Schulkindern eingeübt werden können.

Der Gottesdienst

■ Ablauf des Gottesdienstes

Fröhliche Orgel- und Trompetenmusik zur Eröffnung des Gottesdienstes

Begrüßung

Liebe Mädchen und Jungen,
die heute in die Schule kommen.
Willkommen zum Schulanfang in der N.N.-Kirche.
Dies ist euer Tag und euer Gottesdienst!

Ihr sollt das jetzt richtig merken, wie wichtig und groß ihr seid.
Ihr dürft etwas machen, was wir nur heute in der Kirche tun:
Stellt euch einmal auf die Bank, auf der ihr sitzt,
damit wir euch alle sehen können.
(Die Schulanfangskinder stellen sich auf die Kirchenbank.)
Wir freuen uns, dass ihr so groß geworden seid.
Wir freuen uns und darum klatschen wir jetzt für euch.
(In die Hände klatschen und die Schulanfangskinder ehren.)
Jetzt setzt euch wieder.
Mit dem Klatschen ehren wir euch.
Wir sagen: **Alle Achtung!**
Ein Gruß allen, die mit euch gekommen sind:
Eure Mütter und Väter, Großeltern,
Patinnen und Paten, Verwandte.
Sie alle haben euch geholfen, so groß zu werden.
Sie haben für euch gesorgt. Sie sind stolz auf euch.
Für sie alle klatschen wir jetzt auch in die Hände.
(In die Hände klatschen und die genannten Angehörigen begrüßen.)
Hier in der Kirche loben wir Gott, wenn wir in unsere Hände klatschen.
Wir sagen: Gott sei Dank, wir ehren dich, wenn wir jetzt feiern.
Darum sage ich euch jetzt: Im Namen dieses Gottes, des Vaters
und des Sohnes und des Heiligen Geistes feiern wir jetzt euren Schulanfang.
Wenn wir singen, machen wir das, was wir singen.
Ich mache euch das vor und ihr macht es mir nach.
Und alle, die mit euch gekommen sind, machen mit.

Lied: »Ein neuer Tag ist da« (s. Seite 38)

Psalmgebet (nach Psalm 139)

(Die eingerückten Verse werden von allen gemeinsam gesprochen, die anderen spricht der Vorbeter.)

Herr, du erforschest mich und kennst mich.
    Ich sitze oder stehe auf, so weißt du es;
    Du verstehst meine Gedanken von ferne.

Ich gehe oder liege, so bist du um mich
    und siehst alle meine Wege.

Denn siehe, es ist kein Wort auf meiner Zunge,
    dass du, Herr, nicht schon wüsstest.

Von allen Seiten umgibst du mich
    und hältst deine Hand über mir.

Denn du hast meine Nieren bereitet
    und hast mich gebildet im Mutterleibe.

Ich danke dir dafür, dass ich wunderbar gemacht bin;
    wunderbar sind deine Werke;
    Das erkennt meine Seele.

Es war dir mein Gebein nicht verborgen,
als ich im Verborgenen gemacht wurde.

Deine Augen sahen mich,
als ich noch nicht bereitet war,

und alle Tage waren in dein Buch geschrieben,
die noch werden sollten und von denen keiner da war.

Erforsche mich, Gott, und erkenne meine Herz.
Prüfe mich und erkenne, wie ich's meine.

Und sieh, ob ich auf bösem Wege bin.
Und leite mich auf ewigem Wege.

Lied: »Von allen Seiten umgibst du mich, o Herr«

Text und Melodie: Karl-Heinz Willenberg

Dialog-Erzählung (Psalm 139,16)

Erzählung mit Aktionen

Pfarrerin/Pfarrer:
Liebe Schulanfangskinder,
wir haben gerade gesungen
»Von allen Seiten umgibst du mich, o Herr ...«
Das ist ein Danklied aus der Bibel.
Dieses Lied geht noch weiter:
»Gott, du umgibst mich von allen Seiten.
Alle meine Lebenstage sind in dein Buch geschrieben.«

Ihr Schulanfängerinnen und Schulanfänger bekommt heute einige Schulbücher: ein Lesebuch, ein Rechenbuch. Bücher mit vielen Seiten.

Hier in der Kirche bekommt ihr ein »Kleines Lebensbuch zum Schulanfang«. *(Hält das Heft hoch.)*
Ein kleines Buch mit acht Seiten.
N.N. haben es für jede und jeden von euch zusammengestellt.
Es soll euch begleiten.
Ihr könnt damit in der Schule und zu Hause etwas machen:
z.B. euren Namen reinschreiben.
Alle, die heute mit euch feiern, können ihren Namen hineinschreiben.
Das kleine Buch soll ein Zeichen für unseren Glauben sein: »Gott, du umgibst mich von allen Seiten. Alle meine Lebenstage sind in dein Buch geschrieben.«

Lehrerin:
Ich sehe auf der ersten Seite ein Bild von der N.N.- Schule.
Dahinter sehe ich den Kirchturm der N.N.- Kirche.
In die Schule müsst ihr in Zukunft fast jeden Tag in der Woche.
In die N.N.- Kirche seid ihr am Sonntag (zum Kindergottesdienst) eingeladen.

Pfarrerin/Pfarrer:
»Von allen Seiten umgibst du mich ...«
Ja, hier in der Kirche können wir das leicht glauben.
Aber in der Schule?
Zu Hause? – Von Gott umgeben?
Ja, jeden Tag, den ihr in die Schule geht, werdet ihr von Gott begleitet.
Das gilt für Lehrerinnen und Kinder.
Das kann man nicht sehen.
Dazu brauchen wir Vertrauen.

Aber es gibt auch etwas zu sehen:
Auf der zweiten Seite des kleinen Lebensbuches ist freier Platz für ein Foto von dir selbst.
Du findest bestimmt eins, was dir selbst auch gefällt.
Das Bild zeigt, dass du schon viele Tage, Wochen und Stunden auf der Welt bist.
Darunter waren schöne Tage, an denen du gelacht hast.
An denen du eine Freundin, einen Freund gefunden hast.
Tage, die warm und sonnig waren, an denen du von morgens bis abends spielen konntest.

Darunter waren traurige Tage, an denen du dich verletzt hast.
Tage, an denen dir etwas gefehlt hat.
Zeiten, in denen Zank und Streit waren
oder deine Eltern sich getrennt haben.

Dann ist es schwierig zu glauben: »Gott, von allen Seiten umgibst du mich.«
Trotzdem: Ich würde meinen Namen ganz groß unter das Foto schreiben.
Als wollte ich sagen: Gott, du kennst meinen Namen,
mein ganzes Leben mit seinen schönen und traurigen Zeiten.

Lehrerin:
Gott sei Dank sind wir nicht alleine.
Auf der nächsten Seite sehe ich ein Bild, dass von den Schülerinnen und Schülern der ehemaligen 4. Klasse gemalt worden ist.
Auf den meisten Seiten steht: Herzlich willkommen.
Die Bilder sind lustig und schön. Jedes ist anders.
Wenn Menschen so lieb an uns denken,
spüren wir: wir sind nicht alleine.
Wenn Menschen uns so umgeben, können wir leichter glauben,
dass Gott uns von allen Seiten umgibt.

Pfarrerin/Pfarrer:
Auf dem nächsten Bild sollen sich die Menschen eintragen,
die heute mit dir feiern: Geschwister, Großmütter und Großväter,
Patinnen und Paten, Freundinnen und Freunde, Nachbarinnen oder Verwandte.
Wer mag und kann, soll dir einen guten Wunsch in das Lebensbuch schreiben.
Dann wird der Glaube leichter.

Lehrerin:
In der Mitte des kleinen Buches zum Schulanfang ist ein Zettel,
auf dem alles steht, was wir heute in diesem Gottesdienst machen.
Schön, dass wir so viele sind.
Manchmal haben wir Lust, auch an anderen Tagen zu singen und zu beten.
Den Segensspruch auf der gegenüberliegenden Seite kann man gut beten.
Ich würde das abends oder morgens tun.
So ein Segensgebet macht die Seele stark.
Bald kannst du das lesen, ganz für dich alleine, ohne jemanden zu fragen.

Pfarrerin/Pfarrer:
Die letzte Seite ist frei für die Namen der Jungen und Mädchen,
die mit dir in der Klasse zusammen sind.
Alle, die mit dir jetzt zusammen lernen und spielen.
Schreibt euch gegenseitig eure Namen in dieses kleine Buch zum Schulanfang.
Natürlich muss eure Klassenlehrerin auch in jedes Buch ihren Namen schreiben.

»Von allen Seiten umgibst du mich, Gott.
Alle Tage meines Lebens sind in dein Buch geschrieben.«
Auch, wenn ich etwas nicht so schnell kapiere?
Auch, wenn ich beim Spiel verliere?
Auch, wenn ich spüre, den oder die mag ich nicht?

Ja, auch dann.
Blättere ruhig eine Seite zurück und dann liest du:
Von allen Seiten.
Alle Lebenstage.
Jeder Schultag
soll bei Gott aufgehoben sein.
Amen.

Lied: »Wenn einer sagt: Ich mag dich, du …« (LJ 624, KG 150, SL 221)

Aktion
Jedes Schulanfangskind kommt nach vorn und erhält sein »Kleines Lebensbuch zum Schulanfang«.

Segnung der Schulanfangskinder
(Bevor die Kinder auf die Plätze in der Kirche zurückgehen, werden sie mit Handauflegung gesegnet. Kindern, denen die Handauflegung zu nahe ist, kann auch die Hand gereicht werden.
Wenn auch Laien für die Segenshandlung ansprechbar sind, ist das ein gutes Zeichen für die Erfahrung, dass die Weitergabe des Segens kein Privileg allein der Ordinierten und Geweihten ist.)

Beispiele für Segensworte:

N.N. Gott segne und behüte dich von allen Seiten.
oder:
N.N. Gott segne dich und mache dich stark für jeden Tag deines Lebens.
oder:
N.N. Gott segne dich und beschütze dich auf deinen Lebenswegen.
(Während die Kinder gesegnet werden, singen alle oder ein Kinderchor:)

Lied: »Herr, wir bitten, komm und segne uns ...« (EG Regionalteile, LJ 392, SL 90)

Aktion:
Alle Schulanfangskinder schreiben ihren Namen in das Lebensbuch.

Lied: »Ja, Gott hat alle Kinder lieb …«
(LJ 572 und in: »Feiern, freuen, fröhlich sein«, dem dritten Band der Reihe »Materialien zur Gemeindearbeit«, S. 64)

Fürbittengebete

Pfarrerin/Pfarrer:
Du Gott des Lebens,
du schenkst das Leben und du willst das Leben für alle Menschen.
Jeder und jede von uns ist in dein Lebensbuch geschrieben.
Tag für Tag willst du mit uns gehen, von allen Seiten umgibst du uns
und hältst deine Hand über uns.
Wir bitten heute besonders für diese Kinder,
die einen neuen Lebensabschnitt beginnen,
und für ihre Eltern: Deine Liebe sollen sie spüren.

Alle: Deine Liebe sollen sie spüren.

Erzieherin:
Du Gott des Lebens,
wir danken dir für die Zeit mit diesen Kindern im Kindergarten.
Sie gehen ihren Lebensweg weiter.
Bleibe bei ihnen und bei den Menschen, die sie von nun an in ihrem Leben begleiten: Deine Liebe sollen sie spüren.

Alle: Deine Liebe sollen sie spüren.

Mutter oder Vater:
Du Gott des Lebens,
wir danken dir für das Leben unserer Kinder.
Wir wollen in Verantwortung und Liebe für unsere Kinder da sein.
Wir wollen uns mit ihnen freuen, wenn sie glücklich sind,
ihnen Mut zusprechen, wenn sie traurig sind,
sie schützen, wenn sie in Gefahr sind.
Wir vertrauen, dass du uns bei unseren guten Absichten nicht allein lässt.
Deine Hilfe wollen wir spüren.

Alle: Deine Liebe sollen sie spüren.

Lehrerin oder Lehrer:
Du Gott des Lebens,
du weißt, die Schulzeit ist eine wichtige und sehr prägende Zeit
im Leben der Kinder.
Wir brauchen Fantasie und Ausdauer, Geduld und Verständnis.
Wir möchten nach Möglichkeit jedem Kind gerecht werden.
Das ist nicht immer leicht.
Schenke unseren Bemühungen Erfolg.
Deine Hilfe wollen wir spüren.

Alle: Deine Liebe sollen sie spüren.

Schüler oder Schülerin:
Du Gott des Lebens,
unsere Schule ist eine große Lebensgemeinschaft.
Wir fühlen uns hier zu Hause, weil wir alles kennen
und viele Freunde haben.
Für die neuen Mädchen und Jungen ist es noch ungewohnt und neu.
Sie brauchen unsere Hilfe.
Wir wollen Verständnis dafür haben und Rücksicht nehmen.
Deinem Schutz wollen wir vertrauen.

Alle: Deine Liebe sollen sie spüren.

Pfarrerin/Pfarrer:
Du Gott des Lebens,
damit unser Leben gelingt,
hast du uns deinen Sohn Jesus Christus auf die Welt gesandt.
Er hat uns durch sein Leben den Weg zu dir gezeigt.
Er hat uns gesagt, wie wir mit dir sprechen können.
So wollen wir gemeinsam beten wie er:

Vater unser

Lied: »Gott, dein guter Segen« (Strophen 1+3)

(LJ 382, KG 220 und in: »Komm in Gottes Schöpfungsgarten«, dem ersten Band der Reihe »Materialien zur Gemeindearbeit«, S. 122)

Aaronitischer Segen

Der Herr segne euch und behüte euch.
Der Herr lasse sein Angesicht leuchten über euch und sei euch gnädig.
Der Herr erhebe sein Angesicht auf euch und gebe euch Frieden.
(nach 4. Mose/Numeri 6,24–26)

Orgelmusik begleitet uns in die Schule und nach Hause.

Ein Segensspruch:

Gott, schenke uns deinen
Segen.
Er soll bei uns bleiben,
wenn wir in die Zukunft gehen.

Dein Segen ziehe mit uns
wie eine gute Wolke,
die Schatten gibt
und manchmal Regen.

Sei bei allen Menschen,
daß sie es spüren
in den Familien,
auf dem Schulweg.
Behüte uns in der Schule.

Kommt, ihr seid gerufen

Theologische und religionspädagogische Überlegungen

Die Frage »Wer ist der Größte im Himmelreich?« wird im Matthäusevangelium (Matthäus 18,1–3) für die damalige Zeit auf sehr ungewöhnliche Weise beantwortet.

Kinder fanden zur Zeit Jesu wie auch zum Teil in unserer Gesellschaft, wenig Beachtung. Sie hatten sich zurückzuhalten, zu schweigen. Dieses ungeschriebene Gesetz durchkreuzt Jesus. Bevor er den Jüngern eine Antwort auf ihre Frage gibt, ruft er ein Kind herbei und sagt: »Wenn ihr nicht werdet wie die Kinder, dann ist das Reich Gottes nichts für euch.«

»Wie die Kinder« – was heißt das? Unmündig und unselbständig bleiben? Sich nicht weiter entwickeln, keine Kompetenzen erwerben und Ziele anstreben? Das kann nicht der Vergleichspunkt sein, den Jesus meint.

Ein Kind fragt nicht: was bringt das für mich? Welche Position werde ich einnehmen? Lohnt es sich, danach zu streben? Es hat keine Leistungen vorzuzeigen, die ihm besondere Privilegien verschaffen könnten. Es hört den Ruf und kommt; es lässt sich vertrauensvoll auf Gottes Ruf ein, für den niemand zu klein ist.

Gottes Freundschaft muss man nicht durch eigene Leistungen verdienen. Dieses Vertrauen, dieser Glaube ist die Eintrittskarte für das Reich der Himmel, d.h. für die Nähe zu Gott und zu Jesus Christus.

Die ausdeutende Erzählung bringt diese Gedanken auf eine kindgemäße Ebene.

Ich bin gerufen, gerufen in diese Welt, gerufen, immer neue Schritte und Wege zu gehen. Heute am Tag der Einschulung ist es der Beginn eines neuen Lebensabschnitts. Gott wird mich begleiten. Er meint mich, er will mich, und er bleibt bei mir.

Die Glocke als Signal für einen neuen Zeitabschnitt ist den Kindern bekannt. Sie ertönt in der Schule, wenn die Stunde beendet ist und die Pause beginnt oder umgekehrt. Sie signalisiert im Unterrichtsablauf bestimmte Zeitabstände. Wenn die Glocke erklingt, beende ich z.B. meine derzeitige Tätigkeit und höre zu, weil mir oder uns etwas Wichtiges mitgeteilt werden soll. Die handgetöpferte Tonglocke für jede neue Klasse begleitet die Kinder durch die Grundschulzeit. Sie übernimmt die Funktion, aufmerksam zu machen, zu rufen, hinzuweisen, z.B. auf den Gottesdienst.

Vorbereitungen

Denkzettel für die Vorbereitung

▷ Die Tonglocken, die in diesem Gottesdienst verwendet werden, sollten einen angemessenen Durchmesser haben, damit sie später im Klassenraum gut gesehen werden. Die Glocken sind rechtzeitig bei einem Töpfer oder einer Töpferin zu bestellen, da es erfahrungsgemäß einige Zeit dauert, bis sie fertig sind. Es müssen so viele Glocken angefertigt werden, wie es neue Erstklassen gibt.

- ▷ Die Glocken sollten mit einem kindgemäßen Dekor (z.B. stilisierte Kinder, die sich im Kreis an den Händen fassen) und der Aufschrift »Schulanfangsgottesdienst«, dem Datum und dem Namen der Schule und der Kirche versehen sein. Außerdem steht im Inneren der Glocke das Thema des Gottesdienstes: »Kommt, ihr seid gerufen.«
- ▷ Wenn möglich, ist der Einsatz eines Kinderchores für den Einschulungsgottesdienst stärkend und hilfreich.
- ▷ Es ist ratsam, die Lieder schon einige Wochen vor den Sommerferien den Kindergärten mitzuteilen, damit sie eingeübt werden können.
- ▷ Eine frühzeitige Absprache zwischen Kirchengemeinden und Grundschule ist wichtig. Besonders für die aktive Teilnahme von Lehrerinnen und Lehrern sowie Eltern.

Ablauf des Gottesdienstes

Der Gottesdienst

(Im Altarraum steht ein Tisch, so dass er von allen gesehen werden kann. Darauf stehen die Glocken aus Ton, s. »Denkzettel für die Vorbereitung«.)

Fröhliche Orgel- und Trompetenmusik zur Eröffnung des Gottesdienstes

Begrüßung

Liebe Mädchen und Jungen,
die heute in die Schule kommen.
Willkommen zum Schulanfangsgottesdienst in der N.N.-Kirche.
Dies ist euer Tag und euer Gottesdienst.
Ihr sollt das jetzt richtig merken, wie wichtig und groß ihr seid.
Ihr dürft etwas machen, was wir nur heute in der Kirche tun:
Stellt euch einmal auf die Bank, auf der ihr sitzt,
damit wir euch alle sehen können.
(Die Schulanfangskinder stellen sich auf die Kirchenbank.)
Wir freuen uns, dass ihr so groß geworden seid.
Wir freuen uns und darum klatschen wir jetzt für euch.
(In die Hände klatschen und die Schulanfangskinder begrüßen.)
Jetzt setzt euch wieder.
Mit dem Klatschen ehren wir euch.
Wir sagen: **Alle Achtung!**
Ein Gruß allen, die mit euch gekommen sind:
Eure Mütter und Väter, Großeltern, Patinnen und Paten, Verwandte.
Sie alle haben euch geholfen, so groß zu werden.
Sie haben für euch gesorgt. Sie sind stolz auf euch.
Für sie alle klatschen wir jetzt auch in die Hände.
(In die Hände klatschen und die Genannten ehren.)
Hier in der Kirche loben wir Gott, wenn wir in unsere Hände klatschen.
Wir sagen: Gott sei Dank, wir ehren dich, wenn wir jetzt feiern.
Darum: Im Namen dieses Gottes, des Vaters und des Sohnes und des Heiligen Geistes feiern wir jetzt euren Schulanfang.
Wir singen jetzt zusammen:

Lied: »Wir feiern heut ein Fest …« (SL 5)
oder »Wir kommen hier zusammen« (LJ 426)

Lesung: Matthäus 18, 1–3

Lied: »Hörst du die Glocken …« (LJ 395)
oder »Es läuten alle Glocken« (SL 3)

Erzählung mit Aktionen

Aktion

Liebe Schulanfangskinder und alle, die mit euch gekommen sind,
wir haben eben eine kleine Geschichte aus der Bibel gehört:
Die Erwachsenen, die Jünger streiten miteinander. Sie zanken sich.
Sie wollen von Jesus wissen, wer der Größte, der Beste ist.

Stellt euch die Geschichte einmal so vor:
Zwei Kinder, Jonathan und Maria, kriegen den Streit mit.
Jonathan und Maria sind gerade in die Grundschule in Kapernaum eingeschult worden.
Die beiden spielen am See Genezareth.
Gerade sind sie in ein altes Fischerboot gestiegen.
Das steht schon lange am Ufer und wird nicht mehr gebraucht.
Die Ruder sind auch morsch.
Die beiden kriegen also mit,
wie ganz in ihrer Nähe die Jünger von Jesus streiten.
Jonathan macht gerade an einem alten Fischernetz herum und denkt:
die sind auch nicht besser als alle anderen Erwachsenen.
Die streiten und zanken sich, wer der Größte und Beste ist.

Aber Jesus brüllt nicht herum.
Er schaut nur um sich, da sieht er Maria und Jonathan im Boot sitzen.
Jesus kennt die beiden. Er kennt ihre Namen,
die Namen von diesen beiden Schulanfangskindern.
Er nimmt seine Hände an den Mund *(zeigen)*
und ruft: Maria! Maria!
Maria hört und weiß: Ich bin gemeint. Jesus ruft mich.
Das ist ein schönes Gefühl, wenn jemand mit Namen gerufen wird.
Ein bisschen Herzklopfen hat sie schon.
Aber sie springt aus dem Boot und läuft Jesus und den anderen ein Stück entgegen.

Jonathan läuft mit und denkt: Was will Jesus denn mit uns Kindern?
Maria ist außer Puste, als sie bei Jesus ankommt.
Jesus sieht sie freundlich an und sagt:
»Komm her, wir müssen von dir etwas Wichtiges lernen, Maria.«
Jonathan kapiert nichts mehr. Er fasst sich an den Kopf und denkt:
»Wir lernen doch von den Großen, von den Lehrerinnen und Lehrern.
Was hat er sich denn jetzt schon wieder ausgedacht?
Der Jesus stellt alles auf den Kopf.«

Und dann sagt Jesus zu den Streithähnen:
»Seht Maria, ich habe sie mit ihrem Namen gerufen und sie ist gekommen.
Die hat nicht lange überlegt, ob sie gemeint ist,
ob sie groß genug ist, ob sie noch zu klein ist.
Ich habe gerufen und sie ist gekommen.«

Jonathan bekommt den Mund nicht wieder zu.
Er staunt: »Aha, so ist das also! Das Beste ist, wenn jemand unseren Namen kennt. Wenn jemand uns mit Namen ruft und wir dem Ruf folgen.«
Und dann fällt ihm die Schulglocke in der Grundschule in Kapernaum ein.
Die ist schön. Da stehen die Namen aller Kinder aus der 1.Klasse drauf.
Die halten zusammen.
Wenn die Glocke erklingt, wissen alle ganz genau: Ich bin gemeint.
Jetzt ist Pause. Jetzt ist Ruhe. Jetzt ist Unterricht. Jetzt können wir lernen.

Stellt euch vor:
Noch lange Zeit mussten Jonathan und Maria an Jesus denken und an diesen Nachmittag am See Genezareth, wie er Maria, ein Kind, gerufen und zum Vorbild hingestellt hat.
Noch lange Zeit mussten sie daran denken, jedes Mal, wenn die Glocke in der Schule erklang.

(Glockenspiel auf der Orgel.)

Ihr, liebe Schulanfangskinder, habt es längst gemerkt.
Die Glocken hier auf dem Tisch haben etwas mit eurem Schulanfang und mit unserem gemeinsamen Glauben zu tun.
Wir sehen auf den handgemachten Glocken die Namen vieler Kinder, die zusammen gehören.
Und im Innern der Glocken steht jeweils: **Kommt, ihr seid gerufen!**

Das stimmt: Ihr seid gerufen.
Heute hierher in die Kirche und nachher in die Schule.
Wir legen jedem und jeder von euch gleich die Hand auf den Kopf und sagen:
Gott segne und behüte dich.

Bevor ihr nach vorne kommt, hören wir unsere Kirchenglocken.
Dazu müssen wir ganz still werden.
Und dann kommt: Ihr seid gerufen – zum Segen.
Amen.

Glockengeläut

Lied: »Herr, wir bitten, komm und segne uns ...« (EG Regionalteile, LJ 392, SL 90)

Segnung der Schulanfangskinder

(Die Kinder werden mit Handauflegung einzeln gesegnet. Kindern, denen die Handauflegung zu nahe ist, kann auch die Hand gereicht werden.
Wenn auch Laien für die Segenshandlung ansprechbar sind, ist das ein gutes Zeichen für die Erfahrung, dass die Weitergabe des Segens kein Privileg allein der Ordinierten und Geweihten ist.)

Beispiele für Segensworte:

N.N. Gott segne und behüte dich von allen Seiten.
oder:
N.N. Gott segne dich und mache dich stark für jeden Tag deines Lebens.
oder:
N.N. Gott segne dich und beschütze dich auf deinen Lebenswegen.

(Wenn alle Schulanfangskinder wieder auf ihrem Platz sind, singen wir gemeinsam:)

Lied: »Bewahre und Gott, behüte uns Gott …«
(EG 171, LJ 117, KG 213 und mit ähnlichem Text SL 85)

Fürbittengebete

Pfarrerin/Pfarrer:
Guter Gott,
heute am ersten Schultag haben die Kirchenglocken für uns geläutet.
Du hast uns gerufen, und wir sind deinem Ruf gefolgt.
Wir danken dir für die Gemeinschaft, die wir hier erfahren,
und loben dich mit unserem Beten und Singen. Wir sprechen:

Segne uns und mach uns Mut, allen tut dein Segen gut.
(Der Vers kann auch gesungen werden. Siehe Refrain des Liedes »Gott, auf deiner Erde« S. 49)

Erzieherin:
Guter Gott,
im Kindergarten haben wir mit diesen Kindern eine schöne und wichtige Zeit erlebt.
Wir sind mit ihnen fröhlich gewesen, haben mit ihnen gespielt
und gelernt.
Wir haben sie getröstet, wenn sie traurig waren.
Wir haben versucht, ihnen zu vermitteln, dass jede und jeder von ihnen wichtig und liebenswert ist.
Wir danken dir für diese Zeit und loben dich mit unserem Beten und Singen. Wir sprechen:

Segne uns und mach uns Mut, allen tut dein Segen gut.

Mutter oder Vater:
Guter Gott,
unsere Kinder sind ein großer Schatz, den du uns anvertraut hast.
Dafür danken wir dir.
Sie brauchen unsere Liebe, unser Vertrauen und unsere Fürsorge,
damit sie stark werden und damit ihr Leben gelingen kann.
Dies ist eine große Aufgabe und, Gott, du weißt,
sie ist nicht immer leicht.
Wir brauchen deine Hilfe. Deshalb sprechen wir:

Segne uns und mach uns Mut, allen tut dein Segen gut.

Lehrerin oder Lehrer:
Guter Gott,
jedes Jahr kommen neue Kinder in unsere Schule.
Immer wieder ist das eine große Herausforderung an uns und unseren Beruf:
jedem Kind gerecht zu werden, seine Einmaligkeit anzunehmen,
seine Stärken und Schwächen zu erkennen und es so zu fördern,
damit es mutig und vertrauensvoll seinen Weg im Leben findet.
Bleibe bei uns mit deinem Segen. Deshalb sprechen wir:

Segne uns und mach uns Mut, allen tut dein Segen gut.

Schülerin oder Schüler:
Guter Gott,
damit es in der Schule schön ist und das Lernen Spaß macht,
brauchen wir gute Lehrerinnen und Lehrer mit Geduld und Ausdauer,
die uns verstehen.
Wir brauchen gute Freundinnen und Freunde, die immer zu uns halten.
Wir freuen uns über tolle Erlebnisse, Ausflüge, Pausen
und besonders über die Ferien.
Das alles haben wir in unserer Schule schon erlebt.
Das wünschen wir auch den Neuen.
Wir wollen helfen, dass es für alle gelingt.
Bleibe du bei uns, darum sprechen wir:

Segne uns und mach uns Mut, allen tut dein Segen gut.

Pfarrerin/Pfarrer:
Guter Gott,
dein Sohn Jesus Christus hat die Kinder besonders geliebt.
Er hat sie zu sich gerufen und ihnen gesagt,
wie wichtig sie für die Erwachsenen sind.
Lernen können wir von ihnen. Hilf uns, an den Kindern
hoch zu schauen.
Gott, Kinder und Erwachsene nennen dich Vater.
Wir beten gemeinsam, wie wir von deinem Sohn gelernt haben:

Vater unser ...

Lied: »Das wünsch ich sehr, dass immer einer bei mir wär« (LJ 488, SL 218)

Aaronitischer Segen

Der Herr segne euch und behüte euch.
Der Herr lasse sein Angesicht leuchten über euch und sei euch gnädig.
Der Herr erhebe sein Angesicht auf euch und gebe euch Frieden.
(nach 4. Mose/Numeri 6,24–26)

Orgelmusik begleitet uns in die Schule und nach Hause.

Worte, die das Leben bunt und warm machen

Theologische und religionspädagogische Überlegungen

Die Geschichte von der Maus Frederick von Leo Lionni, die Sonnenstrahlen, Farben und Worte sammelt, ist bei Kindern sehr bekannt.

(Leo Lionni, »Frederick«, Middelhauve Verlag, ISBN 3-7876-9540-0 als Paperback erschienen. Im J. Beltz Verlag als gebundene Ausgabe, ISBN 3-707-77040-5, 2. Auflage 2003).

Frederick tanzt aus der Reihe. Er tut nicht das, was die anderen tun. Er hat eigene Ideen. Er ist nicht angepasst. Er sammelt nicht die wichtigen Nahrungsmittel, um den Winter zu überstehen. Die anderen belächeln ihn und versuchen mit allen Mitteln, Frederick in die Reihe zu holen.
Er soll sich wieder eingliedern. Doch als der Winter dann länger dauert und ihre Nahrungsvorräte zu Ende gehen, erfahren die, die ihn anfangs nicht verstehen, wie wichtig seine Schätze sind.
Das Leben ist mehr als Nahrung und Kleidung und mehr als das schnelle Erreichen der Lern- und Leistungsziele der Schule. So wichtig dies alles ist, es gibt mehr. Eben Worte, die das Leben bunt und warm machen, die über das alltägliche Leben, das oft grau und eintönig ist, hinausweisen.
Wer einen Vorrat an gesammelten Sonnenstrahlen, d.h. an frohen, angenehmen, hilfreichen, Mut machenden Erfahrungen und Erinnerungen hat, der übersteht auch kalte Zeiten, die keinem erspart bleiben. Der kann auch anderen von dieser Wärme abgeben.
Wer einen Vorrat an gesammelten Farben hat, der weiß, dass graue, eintönige, langweilige Tage vorübergehen.
Wer gute Worte kennt, sie weitersagt und immer wieder selbst erfährt, kann mutig und stark und vertrauensvoll durch sein Leben gehen.
Diese Erfahrungen von Frederick und seinen Mäusegeschwistern sind für die Schulanfängerinnen und Schulanfänger wichtig. Erwachsene haben die Aufgabe, dass die Kinder diese Erfahrungen ermöglicht bekommen. Erwachsene, die Kinder in ihrem Leben begleiten durch frohe und traurige Zeiten, an warmen und frostigen Tagen, in eintönigen und abwechslungsreich bunten Situationen.
»Dein Wort ist meines Fußes Leuchte« kann der Beter des Psalms 119 mit Gewissheit sagen. Er hat erfahren, dass Gottes Wort eine gute Begleitung auf dem Lebensweg ist. Es sind Worte, die uns von allen Seiten umgeben und schützen, so dass wir uns nicht zu fürchten brauchen.
Für die Schulanfängerinnen und -anfänger steht die Frederick-Geschichte für diese Aussage des Psalms.
Sie erfahren die Geschichte im Gottesdienst mit Farb- und Lichteffekten, mit deutenden und nachvollziehbaren Worten und nehmen die gebastelte Klammermaus mit ihrem Namen und guten Segensworten als Erinnerung mit auf den Schulweg.

Denkzettel für die Vorbereitung

Vorbereitungen

- ▷ Für die Frederick-Geschichte mit Farb- und Lichteffekten braucht man das o.g. Bilderbuch, einen Overheadprojektor, eine große Leinwand, ausgeschnittene Mäuseschablonen (s. Vorlage Seite 98) für Frederick und seine Mäusegeschwister sowie einige verschiedenfarbige Scheinwerfer.
- ▷ Die Anbringung der technischen Geräte und die Darbietung der Geschichte muss vorher in der Kirche eingeübt werden. Die Scheinwerfer sollten von einem sach- und fachkundigen Mitarbeiter bedient werden.
- ▷ Die Klammermäuse, die die Kinder erhalten, sind relativ einfach herzustellen und können gut im Kunst- oder Werkunterricht einer Grundschule gebastelt werden (siehe Vorlage und Bastelanleitung Seite 96).
- ▷ Den Kindergärten werden die Lieder für den Gottesdienst frühzeitig mitgeteilt, damit auch die neuen Schulkinder im Gottesdienst mitsingen können.
- ▷ Falls ein Kinderchor den Gottesdienst mitgestalten kann, sollte auch hier rechtzeitig Kontakt aufgenommen werden.
- ▷ Die Absprachen zwischen Kirchengemeinden und Grundschulen sind für die Herstellung der Klammermäuse und wegen der Beteiligung von Lehrerinnen/Lehrern und Eltern beim Fürbittengebet wichtig und müssen vor den Sommerferien erfolgen.

■ Ablauf des Gottesdienstes

Der Gottesdienst

Fröhliche Orgel- und Trompetenmusik zur Eröffnung des Gottesdienstes

Begrüßung:

Liebe Mädchen und Jungen,
die heute in die Schule kommen.
Willkommen zum Schulanfang in der N.N.-Kirche.
Dies ist euer Tag und euer Gottesdienst!
Ihr sollt das jetzt richtig merken, wie wichtig und groß ihr seid.
Ihr dürft etwas machen, was wir nur heute in der Kirche tun:
Stellt euch einmal auf die Bank, auf der ihr sitzt,
damit wir euch alle sehen können.
(Schulanfangskinder stellen sich auf die Kirchenbank.)
Wir freuen uns, dass ihr so groß geworden seid.
Wir freuen uns und darum klatschen wir jetzt für euch.
(In die Hände klatschen und die Schulanfangskinder begrüßen.)
Jetzt setzt euch wieder.
Mit dem Klatschen ehren wir euch.
Wir sagen: **Alle Achtung!**
Ein Gruß allen, die mit euch gekommen sind: Eure Mütter und Väter,
Großeltern, Patinnen und Paten, Verwandte.
Sie alle haben euch geholfen, so groß zu werden.
Sie haben für euch gesorgt. Sie sind stolz auf euch.
Für sie alle klatschen wir jetzt auch in die Hände.
(In die Hände klatschen und die Angesprochenen begrüßen.)
Mit dem Klatschen freuen wir uns über euch.
Hier in der Kirche loben wir Gott, wenn wir in unsere Hände klatschen.

Hier in der Kirche loben wir Gott, wenn wir jetzt singen.
Wenn wir singen, machen wir das, was wir singen.
Ich zeige euch das und ihr macht es mir nach.

Lied: »Ein neuer Tag ist da« (s. Seite 38)

Gebet und Lesung: Psalm 119

Dein Wort ist meines Fußes Leuchte
und Licht auf meinem Weg.

Wohl denen, die ihr Leben führen, wie es sein soll,
weil sie der Wegweisung des Herrn nachgehen.

Dein Wort ist meines Fußes Leuchte
und Licht auf meinem Weg.

Wohl denen, die Gottes Botschaft folgen
und ihn mit ganzem Ernst suchen.
Solche tun das Böse nicht;
sie folgen Gottes Führung.

Dein Wort ist meines Fußes Leuchte
und Licht auf meinem Weg.

Du, Gott, bist es, von dir gehen die Ordnungen aus,
dass man sie sorgsam beachte.
Ich will mich ganz an das halten,
was du gesagt hast.
Ich will deine Worte nicht vergessen.

Dein Wort ist meines Fußes Leuchte
und Licht auf meinem Weg.

Ja, Herr, deine Weisungen machen mich froh.
Sie sind wie Menschen, die mich gut beraten.
Dein Wort leuchtet mir, wohin ich gehe.
Es ist ein Licht für meinen Weg.

Dein Wort ist meines Fußes Leuchte
und Licht auf meinem Weg.

Gib mir Halt, wie du versprochen hast!
Dann kann ich richtig leben.
Dein Wort, Herr, gilt für immer.
Es steht so fest wie der Himmel.
Die Menschen kommen und gehen,
doch deine Treue bleibt.

Dein Wort ist meines Fußes Leuchte
und Licht auf meinem Weg.

(Aus: Alles, was atmen kann, lobe den Herrn. Eine Sammlung von Psalmen und Sprechstücken. Hrsg. Rhein. Verband für Kindergottesdienst)

Lied: »Du bist meine Zuflucht«

Text und Musik aus Brasilien.
Übersetzung: Dorival Ristoff und Friedrich Karl Barth; Strophen 2 u. 3: Eckart Bücken.

2. Du bist meine Freude, du bist meine Sehnsucht,
du bist meine Sonne. Gib mir Lebensmut!
Wenn mich Sorgen quälen und wenn ich trostlos bin,
zeig mir deine Liebe, halt mich in deiner Hut.
Alles, was ist ...

3. Du bist meine Heimat, du bist meine Zukunft,
du bist meine Hilfe. Hol mich aus der Not!
Wenn mich Ängste plagen und wenn ich traurig bin,
schenk mir langen Atem und rette mich vorm Tod.
Alles, was ist ...

Die Geschichte von Frederick, der Maus, die uns Mut zum Leben macht

Erzählung mit Aktionen

(Die Geschichte aus dem Bilderbuch von Leo Lionni wird den Kindern in Etappen gezeigt und vorgelesen. Ergänzend dazu werden von einem zweiten Erzähler nachfolgende Kommentierungen vorgetragen. Dazu wird mit dem Overheadprojektor und verschiedenen Scheinwerfern gearbeitet, s. Regieanweisungen.
Während der Anfang der Geschichte aus dem Bilderbuch gelesen wird, werden die kleinen Mäuse auf dem Overheadprojektor leicht hin und her bewegt. Sie sammeln Vorräte für den Winter. Frederick ist von ihnen abgewandt und schaut zum Himmel. Er tut scheinbar nichts. Die anderen Mäuse wundern sich.)

▷▷▷

Was ist mit Frederick los?
Das ist ungerecht.
Der sorgt einfach nicht mit.
Frederick macht, was er will.
Es sieht so aus, als ob er mit den anderen nichts zu tun haben will.
Du denkst jetzt vielleicht: Hoffentlich ist so einer, so eine nicht in meiner Klasse. Aber sehen wir mal hin.
(Die Mäuse zu Frederick bewegen.)
Die Mäuse lassen Frederick nicht in Ruhe.
Sie fragen ihn, was er sammelt.

(Aus dem Bilderbuch wird die erste Antwort von Frederick gelesen: »Ich sammle Sonnenstrahlen.« Bei »Sonnenstrahlen« gelbes Scheinwerferlicht zur Leinwand richten, über die Köpfe der Mäuse.)

Frederick sagt: »Ich sammle Sonnenstrahlen!«
Einige Mäuse werden gedacht haben:
Wofür brauchen wir Sonnenstrahlen im Winter?
Hauptsache, wir haben genug zum Essen.
Und wir sagen heute auch: Wozu Sonnenstrahlen?
Hauptsache, die Heizung funktioniert im Winter.
Hauptsache, die Kinder lernen genug.
Hauptsache ...
Wozu Sonnenstrahlen?
Wozu?

(Gelbes Licht weg. Aus dem Bilderbuch wird die zweite Antwort von Frederick gelesen. Bei »Ich sammle Farben ...« alle Farben der Scheinwerfer zur Leinwand richten.)

Frederick sagt: »Ich sammle Farben für die grauen, kalten Wintertage ...«
Das stimmt.
Manche Tage, auch in der Schule, sind grau.
Das schlägt auf die Stimmung.
Stimmt:
Manche Tage sind grau, weil wir uns ärgern.
Manche Tage sind grau, weil wir nicht schaffen,
was wir uns vorgenommen haben.
Manche Tage sind sogar schwarz.

(Alle Scheinwerfer aus.)

Wenn niemand zu uns hält.
Wenn uns ein Freund, eine Freundin verloren geht.
Wenn uns jemand auslacht.
Manche Tage sind schwarz!
Dann denken wir – ja wir haben das Gefühl: Gott hat mich verlassen.

(Licht an. Aus dem Bilderbuch die dritte Antwort von Frederick vorlesen. Auf den Overheadprojektor über die Mäuse die Buchstaben »A, B, C« als Zeichen legen.)

Frederick sammelt Wörter wie ihr Schulanfangskinder.
Wörter sammeln: Buchstaben zusammensetzen und immer mehr Wörter lesen, verstehen und sprechen können.
Das ist ganz toll!

Wir wissen alle, es gibt Wörter, die machen uns groß.
Zum Beispiel: »Du bist Klasse!« oder »Ich hab dich lieb!«
Und es gibt Wörter, die machen uns klein.
Zum Beispiel: »Das schaffst du nicht!« oder »Hab ich doch gleich gesagt!«
Gut, wenn wir – wie Frederick – Wörter sammeln, die uns groß machen.

(Die Buchstaben wegnehmen. Die Geschichte wird weiter gelesen. Bei »Macht die Augen zu, sagte Frederick ...« aus der Bilderbuchgeschichte normales Licht aus und gelbes Scheinwerferlicht an.)

Wenn wir von der Sonne erzählen, dann stellen wir uns einen Menschen vor:
Einen, der uns in die Arme nimmt.
Einen, der uns in Schutz nimmt.
Wenn ich von der Sonne erzähle, dann stelle ich mir Gott vor:
Einen, der uns tröstet.
Einen, der uns Lust auf die Schule macht.

(Die Geschichte wird weitergelesen. Bei »Macht wieder eure Augen zu ...« aus der Bilderbuchgeschichte alle Farben der Scheinwerfer auf die Leinwand richten.)

Mitten zwischen den grauen Steinen wird das Leben ganz bunt.
Ihr kennt die Farben. Wir wissen, jede Farbe verrät uns ein Geheimnis:
Rot erzählt uns von der Liebe, die stark ist.
Grün erzählt uns von der Hoffnung, dass aus einem kleinen Samenkorn eine große Blume wächst.
Blau erzählt uns von der Weite des Himmels und von der Weite des Meeres.

Gott sei Dank gibt es Farben, die unser Leben bunt machen:
Das Leben in der Schule.
Das Leben zu Hause.
Das Leben mit anderen zusammen.

(Die Geschichte wird weitergelesen. Bei »Und die Wörter, Frederick?« nur noch den gelben Scheinwerfer auf die Leinwand richten und die Buchstaben wieder auf dem Overheadprojektor über die Mäuse legen.)

Gut, dass der Frederick Worte findet.
Die brauchen wir füreinander.
Sie als Lehrerinnen, als Mütter und Väter.
Wir brauchen Worte füreinander, dass wir nicht sprachlos werden.
Ihr Schulanfangskinder braucht, wie Frederick, gute Worte füreinander.
Zum Beispiel: »Ich geh mit dir den gleichen Weg!«
Oder: »Komm, ich halte zu dir ...«

In jedem von uns steckt ein Frederick, der Worte findet.
Worte, die uns mutig und fröhlich machen.
Ich erinnere an ein Wort aus den Psalmen der Bibel: »Von allen Seiten umgibst du mich Gott und hältst deine Hand über mir« (Psalm 139).
Amen.

Lied mit Bewegungen: »Du hast uns deine Welt geschenkt« (LJ 502, SL 302)

Aktion und Segen

Die Kinder kommen nach vorn in den Altarraum. Jedes Schulanfangskind bekommt eine kleine Frederick-Maus (s. Bastelanleitung unten) und wird für den Schulweg gesegnet.

Beispiele für Segensworte:
N.N. Gott segne und behüte dich von allen Seiten.
Oder: N.N. Gott segne dich und mache dich stark für jeden Tag deines Lebens.
Oder: N.N. Gott segne dich und beschütze dich auf deinen Lebenswegen.
(Während die Kinder gesegnet werden, singen alle oder ein Kinderchor:)

Lied: »Herr, wir bitten, komm und segne uns ...« (EG Regionalteile, LJ 392, SL 90)

Bastelanleitung für die Klammermaus

Das wird benötigt:
— eine Holzwäscheklammer
— grauer Tonkarton
— dünne Kordel aus bunter Wolle für den Schwanz

So wird's gemacht:
Ober- und Unterteil nach der Vorlage unten auf den Tonkarton übertragen und ausschneiden.
Die Holzwäscheklammer von beiden Seiten entsprechend mit diesen Teilen bekleben. Die obere Seite wird mit Augen und Ohren bemalt und bekommt ein Schwänzchen aus einer dünnen Wollkordel. Auf die untere Seite können die Kinder nach der Übergabe ihren Namen schreiben.

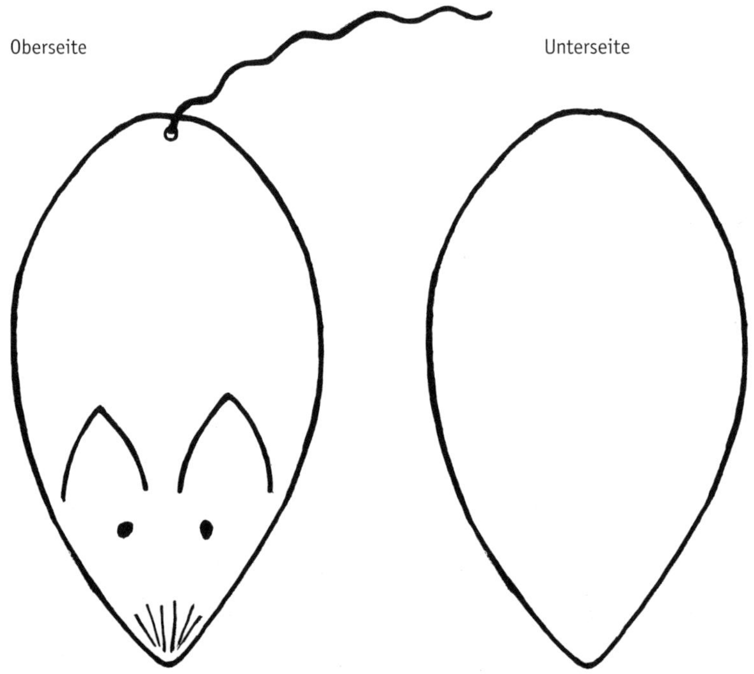

Fürbittengebete

Pfarrerin/Pfarrer:
Gott, unser guter Vater und unsere gute Mutter,
mit Wünschen und Hoffnungen, mit Sorgen und Ängsten und auch mit dem Gefühl der Unsicherheit sind wir heute hierher gekommen.
Du weißt darum, denn du kennst uns besser, als wir selbst uns kennen.
Lass uns bei all unseren Bedenken nicht vergessen, was unsere Kinder am meisten brauchen: Unsere Liebe, die ihr Leben wie Sonnenstrahlen hell macht und mit Wärme umgibt.
Freundschaft, Fantasie und Kreativität, die wie bunte Farben Eintönigkeit, Langeweile und Alleinsein vertreiben.
Gute Worte, die Mut machen, Zuversicht geben und das Selbstvertrauen stärken.
Mit Liebe, Freundschaft und guten Worten begleitest du unser Leben.
Dafür danken wir dir und sprechen:

Segne uns und mach uns Mut, allen tut dein Segen gut.
(Der Vers kann auch gesungen werden. Siehe Refrain des Liedes »Gott, auf deiner Erde« S. 49)

Mutter oder Vater:
Gott, unser guter Vater und unsere gute Mutter,
wir geben unsere Kinder wieder ein Stück mehr ab in die Hände der Lehrerinnen und Lehrer.
Wir fragen, wie werden sie sich eingewöhnen, wie werden sie in der Schule zurechtkommen?
Werden sie den Anforderungen der Schule genügen und gut und schnell lernen?
Mach uns gelassen und zuversichtlich, denn auch für uns Eltern beginnt ein neuer Weg. Mach uns vernünftig, dass wir die Leistungen und Noten nicht überbewerten.
Lass uns mithelfen, dass die Freude an der Schule, das Entstehen neuer Freundschaften, das Wachsen von Sicherheit, Mut und Selbstvertrauen nicht zu kurz kommen.
Stärke unser Vertrauen in unsere Kinder, in die Schule und in deine schützende und stärkende Liebe zu uns Menschen.
Dafür danken wir dir und sprechen:

Segne uns und mach uns Mut, allen tut dein Segen gut.

Lehrerin oder Lehrer:
Gott, unser guter Vater und unsere gute Mutter,
einen großen Teil des Tages geben die Eltern ihre Kinder in unsere Hände und Verantwortung.
Sie haben Erwartungen, die wir nicht immer erfüllen können.
Stärke unsere Bemühungen, jedem Kind mit seinen Bedürfnissen gerecht zu werden.
Lass uns in Gesprächen gute und hilfreiche Worte finden
und mit den Eltern gemeinsam zum Wohle ihrer Kinder arbeiten.
Darum bitten wir dich und singen:

Segne uns und mach uns Mut, allen tut dein Segen gut.

Pfarrerin/Pfarrer:
Gott, unser guter Vater und unsere gute Mutter,
an dich dürfen wir uns jederzeit wenden, deshalb beten wir gemeinsam:

Vater unser ...

Lied: »Geh aus mein Herz und suche Freud ...«
(1. Strophe und Melodie S. 24)

8. Ich selber kann und mag nicht ruhn,
des großen Gottes großes Tun
erweckt mir alle Sinnen;
ich singe mit, wenn alles singt,
und lasse, was dem Höchsten klingt,
aus meinem Herzen rinnen,
aus meinem Herzen rinnen.

Aaronitischer Segen

Der Herr segne euch und behüte euch.
Der Herr lasse sein Angesicht leuchten über euch und sei euch gnädig.
Der Herr erhebe sein Angesicht auf euch und gebe euch Frieden.
(nach 4. Mose/Numeri 6,24-26)

Orgelmusik begleitet uns in die Schule und nach Hause.

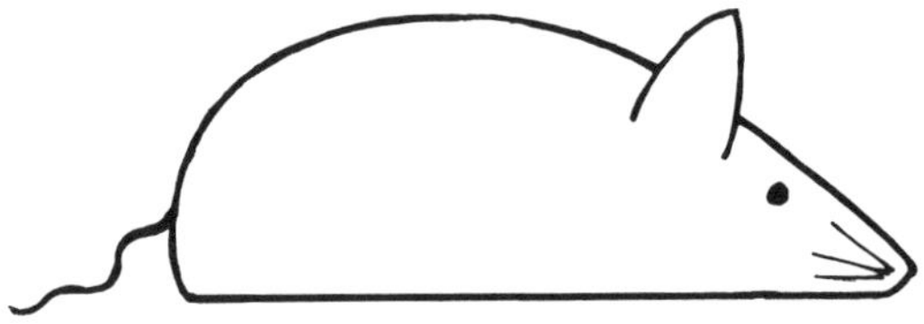

Vorlage für Frederick und seine Mäusegeschwister

Gott sagt zu dir: »Ich hab dich lieb, ich wär so gern dein Freund!«

Theologische und religionspädagogische Überlegungen

Das Thema »Freundschaft« hat für die Schulanfangskinder einen hohen Stellenwert. So ist es für sie z.B. ganz wichtig, mit dem Freund oder der Freundin in dieselbe Klasse zu kommen. Einen Freund am Beginn des neuen Lebensabschnittes an seiner Seite zu haben, gibt Sicherheit, nimmt Angst, stärkt das Vertrauen und das Selbstbewusstsein.
Die Geschichte »Der Ernst des Lebens«, die in diesem Gottesdienst erzählt wird, ist ganz aus der Erfahrungswelt der Kinder genommen. Wenn es auch pädagogisch falsch ist, den Schulanfang und die Drohung mit dem »Ernst des Lebens« zu verbinden, so wird es doch auch heute noch in etlichen Familien von Eltern, Großeltern oder Geschwistern getan. Diese Drohung wird in unserer Erzählung ad absurdum geführt. Der »Ernst des Lebens« entpuppt sich nämlich als liebenswürdiger Klassenkamerad, als neuer Freund.
Die Aussage der Erwachsenen, die ohnehin nicht recht verstanden wurde, verliert an Bedrohlichkeit. So endet die Geschichte mit dem aufklärenden und befreienden Satz: »Von den Großen lasse ich mir keine Angst mehr machen.«
In der vierten Strophe des Kindermutmachliedes wird die Freundschaft auf Gott hin ausgeweitet, der jedem Menschen seine Freundschaft anbietet, ja geradezu um diese Freundschaft wirbt.

> Gott sagt zu dir: »Ich hab dich lieb.
> Ich wär so gern dein Freund!
> Und das, was du allein nicht schaffst,
> das schaffen wir vereint.«

Das ist sehr abstrakt, besonders für ein Kind. Den Freund in der Schule kann man sehen, man erkennt ihn an seinem Verhalten. Gott können wir nicht sehen. Wie er sich verhält, wissen wir aus dem, was über Jahrtausende unzählige Menschen über ihre Erfahrungen mit ihm erzählt haben. Die Bibel gibt in beiden Testamenten ein Zeugnis davon. Diese Erfahrungen sind immer auch Erfahrungen mit Menschen, die ihr Leben im Glauben und Vertrauen auf Gott gedeutet haben.
Um Gott als Freund erspüren zu können, bedarf es der freundschaftlichen Zuwendung von Menschen, die uns helfen, Mut machen und ihre Liebe schenken.
Es bedarf aber auch Menschen, die uns Gottes Segen zusprechen, d.h. uns sagen, dass Gott für uns ist, wie ein Freund. So kann auch für Kinder die Freundschaft Gottes etwas verständlicher werden.
Wieder ist es das Symbol, das im Gottesdienst beide Aspekte zusammenbringt und miteinander verknüpft: Der neue Schulfreund Ernst und das Schulkind Annette aus dem kleinen Anspiel übergeben den Schulanfangskindern ein geknüpftes Freundschaftsband, das sie von nun an am Arm tragen können. Es erinnert an das Spiel im Gottesdienst, an die Zusage der Freundschaft Gottes und an den Segen, mit dem man mutig und froh die Schulzeit beginnen kann.

Vorbereitungen

Denkzettel für die Vorbereitung

- ▷ Die Freundschaftsbänder müssen rechtzeitig besorgt werden. Man kann sie von Schülerinnen und Schülern oder Erwachsenen selbst knüpfen lassen, oder man versucht, sie preiswert zu kaufen. Auf Schulbasaren, Flohmärkten oder in Eine-Welt-Läden kann man sie oft günstig erwerben.
- ▷ Eine Schulklasse beschäftigt sich mit der Geschichte vom »Ernst des Lebens« und entwickelt daraus ein pantomimisches Anspiel. Das Spiel wird im Unterricht vor den Sommerferien eingeübt.
- ▷ Die Lieder werden möglichst schon einige Wochen vor den Sommerferien in die Kindergärten gegeben, damit sie bis zum Gottesdienst bekannt sind und vielleicht auch schon etwas geübt werden können.
- ▷ Der Einsatz eines Kinderchores ist eine Bereicherung für den Gottesdienst.
- ▷ Frühzeitige Absprachen zwischen Kirchengemeinden und Grundschulen sind wichtig, einmal wegen des Spieles, aber auch wegen der Beteiligung von Lehrerinnen, Lehrern und Eltern am Fürbittengebet.

Der Gottesdienst

■ Ablauf des Gottesdienstes

Fröhliche Orgel- und Trompetenmusik zur Eröffnung des Gottesdienstes

Begrüßung:

Liebe Mädchen und Jungen,
die heute in die Schule kommen.
Willkommen zum Schulanfang in der N.N.-Kirche.
Dies ist euer Tag und euer Gottesdienst!
Ihr sollt das jetzt richtig merken, wie wichtig und groß ihr seid.
Ihr dürft etwas machen, was wir nur heute in der Kirche tun:
Stellt euch einmal auf die Bank, auf der ihr sitzt,
damit wir euch alle sehen können.
(Die Schulanfangskinder stellen sich auf die Kirchenbank.)
Wir freuen uns, dass ihr so groß geworden seid.
Wir freuen uns und darum klatschen wir jetzt für euch.
(In die Hände klatschen und die Schulanfangskinder begrüßen.)
Jetzt setzt euch wieder.
Mit dem Klatschen ehren wir euch.
Wir sagen: **Alle Achtung!**
Ein Gruß allen, die mit euch gekommen sind: Eure Mütter und Väter, Großeltern, Patinnen und Paten, Verwandte.
Sie alle haben euch geholfen, so groß zu werden.
Sie haben für euch gesorgt. Sie sind stolz auf euch.
Für sie alle klatschen wir jetzt auch in die Hände.
(In die Hände klatschen und die Angesprochenen begrüßen.)
Hier in der Kirche loben wir Gott, wenn wir in unsere Hände klatschen.
Wir sagen: Gott sei Dank, wir ehren dich, wenn wir jetzt feiern:
Darum: Im Namen dieses Gottes, des Vaters und des Sohnes und des Heiligen Geistes feiern wir jetzt euren Schulanfang.
Wir singen zusammen:

Lied: »Gott, dafür will ich dir danke sagen«

Anspiel: Der Ernst des Lebens

Anspiel

(Darsteller: Annette, Vater, Mutter, Schwester, Ernst)

1. SZENE

Annette: *(stellt sich vor)* Ich bin Annette.
Mein größter Wunsch wäre, Zirkusprinzessin zu werden. Doch leider geht das nicht, denn ich werde bald sechs. Und mit sechs Jahren beginnt der Ernst des Lebens. Das sagen alle.
Was der Ernst des Lebens eigentlich ist, weiß ich auch nicht so genau. Aber ich ahne so etwas: Es kann nichts Gutes sein.

2. SZENE
(Annette, Mutter, Schwester)

Annette: Letzte Woche, als Mama beim Staubsaugen war, sagte sie wieder ganz ernst:

Mutter: Wenn du erst sechs bist und in die Schule kommst, dann beginnt auch für dich der Ernst des Lebens.

Annette: Wenn Mama das sagt, dann grinst meine Schwester immer über beide Ohren und sagt:

Schwester: Du wirst schon merken, wie gut du es in deinem Baby-Kindergarten hattest.

Annette: »Baby-Kindergarten« – wie ich dieses Wort hasste. Ich war doch kein Baby mehr.

▷▷▷

3. SZENE
(Annette, Vater – Zeitung)

Annette: Da saß ich nun und wartete auf meinen Geburtstag und den »Ernst des Lebens«.
Noch zwei Tage. Was war der »Ernst des Lebens« wohl?
Ein Felsblock, ein Monster? War er als Geschenk verpackt?
Oder versteckte sich der »Ernst des Lebens« in der Zeitung und machte die Menschen ärgerlich oder brummig?
Ja, so musste es wohl sein!
Wie oft Papa doch schimpfte, wenn er sich hinter der Zeitung verkrochen hatte:

Vater: *(schaut hinter einer Zeitung vor)*
Ich lese gerade die Zeitung, sieht du das denn nicht?

Annette: So war Papa sonst nie.
Da steckte bestimmt der »Ernst des Lebens« dahinter.
Ich will ja unbedingt lesen und schreiben lernen.
Aber wenn ich dabei den »Ernst des Lebens« kennen lernen muss, verzichte ich vielleicht doch lieber.

4. SZENE:
(Annette – Geschenke)

Annette: Und dann war es soweit!
Mein sechster Geburtstag. Und es war wunderschön.
So viele Geschenke.
Ich packte sie alle aus.
Doch in keinem war der »Ernst des Lebens«.
Dafür bekam ich Rollschuhe, einen blauen Elefanten und ein Buch, das ich bestimmt bald lesen kann.
Der Geburtstag war so schön, dass ich den »Ernst des Lebens« fast vergessen hatte.

5. SZENE
(Annette, Ernst, Lehrerin, zwei Schüler in einer Schulkasse mit Ranzen, Schulsachen, Freundschaftsband)

Annette: Aber dann sollte ich ihn doch kennen lernen.
Kurz nach meinem sechsten Geburtstag kam ich in die Schule.
Es war toll. Ich schrieb, malte, sang und rechnete.
Und zwischendurch schwatzte ich mit dem Jungen, der neben mir saß. Er lieh mir sogar seine Buntstifte. Dafür durfte er bei mir abschreiben.
Und er brachte mir ein buntes Band mit. Ein Freundschaftsband nur für mich.
Und der Junge hieß Ernst.
Puh, war ich froh.
Ich hatte Ernst, den »Ernst des Lebens«, kennen gelernt.
Und ich war erleichtert, dass der »Ernst des Lebens« so nett war.
Ich beschloss: Von den Großen lasse ich mir keine Angst mehr machen.

Lied: »Wenn einer sagt: Ich mag dich, du …« (LJ 624, KG 150, SL 221)

Eine kleine Erzählung von Freundschaft und Vertrauen

Erzählung

Liebe Schulanfangskinder!
Was haben wir da gesungen?
»Gott sagt zu dir: Ich hab dich lieb und wär so gern dein Freund ...«
Aber den sehen wir doch gar nicht – Gott!?

Einen Freund muss man sehen können. Am besten, der sitzt neben einem in der Schule. Wie Ernst neben Annette.
Eine Freundin muss man doch anfassen können, in den Arm und an die Hand nehmen können.
Eine Freundin leiht einem den Buntstift aus. Die petzt auch nicht.

»Gott sagt zu dir: Ich hab dich lieb und wär so gern dein Freund ...«
Wie können wir uns das vorstellen?

Annette konnte sich den Ernst des Lebens auch nicht vorstellen. Sie hatte sogar Angst vor ihm.
Vor Gott haben viele Menschen auch Angst.
Wenn etwas Schlimmes, Schreckliches in unserem Leben passiert, dann denken wir: Gott ist böse auf uns.
Manchmal machen die Großen den Kleinen Angst und sagen: »Wenn das der liebe Gott sieht ...«

Annette hat einen guten Entschluss gefasst: »Von den Großen lasse ich mir keine Angst mehr machen«, sagte sie.
Sie wusste ja jetzt, wie der Ernst des Lebens aussieht.

Liebe Schulanfangskinder,
Gott können wir nicht sehen – aber spüren.
Wenn jemand dir gleich die Hände auf den Kopf legt und sagt:
»Gott segne und behüte dich!«, dann spüren wir: So will Gott auch mein Freund sein.
Gott sehen wir mit unserem Herzen. Wenn jemand dich tröstet, wenn du weinst und zu dir sagt: »Es wird alles wieder gut.« Dann spüren wir: So will Gott mein Freund sein.
Gott sehen wir mit unserem Herzen. Wenn wir gleich das Vaterunser beten, dann finden wir Vertrauen in unser Leben und Mut für die neue Zeit in der Schule. So will Gott unser Freund sein.

Und wenn du in den nächsten Tagen dein Freundschaftsband am Arm siehst, dann denkst du an den freundlichen »Ernst des Lebens« und an Gott, der dich segnet und mit dir geht, mit dir lernt und lacht, mit dir weint und mit dir traurig sein kann.
Und dann wirst du merken: Ich kann ihn, Gott, mit dem Herzen sehen.
Amen.

▷▷▷

Aktion »Freundschaftsband« und Segen

(Die Kinder kommen nach vorn in den Altarraum. Jedes Kind bekommt ein Freundschaftsband mit auf den Schulweg und wird gesegnet.
Die/der Segnende legt ihre/seine Hände seitlich auf den Kopf des Kindes, erfragt seinen Namen und spricht dann:)

N.N., Gott sieht dich freundlich an.
Er segne und behüte dich.
Oder:
N.N. Gott segne und beschütze dich.
Oder:
N.N. Gott segne und begleite dich.

(Für die Segnung sollten Pfarrerinnen und Pfarrer auch Lehrerinnen und Lehrer, Mütter und Väter der Schulanfängerinnen und -anfänger anfragen. Wenn verschiedene Menschen den Segen weitergeben, wird sichtbar: Wer gesegnet ist, kann andere segnen. Nach der Segnung gehen die Schulanfängerkinder wieder zurück auf ihren Platz in der Kirche.
Inzwischen können die Kinder des Kinderchores und/oder alle singen:)

Lied: »Herr, wir bitten: Komm und segne uns ...« (LJ 392, SL 90)

(Anschließend gehen die Kinder zurück an ihre Plätze.)

Lied: »Gott, du bist ja bei mir ...«

Text: Rolf Krenzer.
Musik: Peter Janssens.
Aus: »Gott zieht vor uns her«, 1990

Verse ▷▷▷

2. Folg' ich auf dem Weg dir,
den du von mir verlangst,
geht's durch dunkle Täler,
ich habe keine Angst.

3. In der Fremde hast du
den Tisch für mich gedeckt.
Und ich weiß, du freust dich,
wenn es mir dann auch schmeckt.

4. Ich spür' deine Liebe,
drum ist mir nicht mehr bang.
Ich darf bei dir bleiben
mein ganzes Leben lang.

Fürbittengebete:

Pfarrerin/Pfarrer:
Guter Gott,
dies ist ein Tag voller Aufregung.
Neue Wege liegen vor uns.
Fremde Menschen begegnen uns.
Wir sind ängstlich und fröhlich zugleich.
Wir wissen nicht so genau, was auf uns zukommt.
Trotzdem ist es spannend.
Wir wissen aber, dass du bei uns bist.

Leite uns durch deinen Geist.

Erzieherin:
Guter Gott,
wir danken dir für die Zeit mit diesen Kindern im Kindergarten.
Sie sind gewachsen und haben sich verändert, wir hoffentlich auch.
Wir haben von den Kindern gelernt, von ihrer Freude und ihrem Mut,
aber auch von ihren Ängstlichkeiten und ihrer Trauer.
Sie waren für uns wichtig.
Bleibe bei ihnen und auch bei uns.

Leite uns durch deinen Geist.

Mutter oder Vater:
Guter Gott,
wieder ein wenig mehr gehen die Kinder von uns Müttern und Vätern weg.
Die Zeit, in der wir zusammen sind und die wir täglich miteinander verbringen, wird knapper.
Hilf uns, die gemeinsame Zeit intensiv und bewusst zu leben.
Mach uns fähig, unsere Kinder jeden Tag ein wenig mehr loszulassen, damit sie bei sich selbst ankommen können.
Bleibe mit deiner liebenden Begleitung bei ihnen und bei uns.

Leite uns durch deinen Geist.

Lehrerin oder Lehrer:
Guter Gott,
für diese Kinder und auch für uns fängt ein neuer Zeitabschnitt an.
Wir brauchen Geduld, Verständnis zum Kennenlernen:

Wir brauchen Fantasie, um Neues zu entdecken.
Wir brauchen Kraft, um ihr Selbstbewusstsein zu stärken
und um ihnen Mut zu machen für die Wege, die vor ihnen liegen.

Leite uns durch deinen Geist.

Schülerin oder Schüler:
Guter Gott,
die neuen Mädchen und Jungen kommen jetzt in unsere Schule.
Wir fühlen uns schon stark und groß und meinen, ihnen überlegen zu sein.
Hilf, dass wir uns trotzdem verstehen, dass wir Rücksicht aufeinander nehmen.
Hilf uns, Freunde zu werden.

Leite uns durch deinen Geist.

Pfarrerin/Pfarrer:
Guter Gott,
du kennst unsere Sorgen und Ängste, unsere Bemühungen und unsere Grenzen.
Du weißt das alles, du spürst, was uns bewegt.
Du bist als verlässlicher Freund an unserer Seite und an der Seite dieser Kinder. So wollen wir miteinander wie Jesus beten:

Vater unser ...

Aaronitischer Segen

Der Herr segne euch und behüte euch.
Der Herr lasse sein Angesicht leuchten über euch und sei euch gnädig.
Der Herr erhebe sein Angesicht auf euch und gebe euch Frieden.
(nach 4. Mose/Numeri 6,24–26)

Orgelmusik begleitet uns in die Schule und nach Hause.

Jesus ist mit im Boot

Theologische und religionspädagogische Überlegungen

Bei der Jesusgeschichte, die im Mittelpunkt des Gottesdienstes steht, handelt es sich um eine Berufungsgeschichte, die wir in ähnlicher Form in allen drei synoptischen Evangelien finden. Der Ruf Jesu erfolgt in einer Alltagssituation, im Zusammenhang mit dem normalen Tun der Menschen, hier in ihrem Beruf als Fischer.

Jesus geht zum Arbeitsplatz, zum Lebensraum der Menschen, er nimmt Anteil an ihrem Leben, auch in Situationen, wo es schon mal nicht so klappt, wo der Ausgang ungewiss ist, wo man mit Enttäuschungen oder Resignation rechnen muss. Hier steigt Jesus ein in das Boot (in das Leben) und gibt mit seinen Worten dem Leben eine neue Richtung. Er macht Mut und ermuntert zu einem neuen Versuch. Die Aufforderung, am hellen Tag erneut zum Fischfang auszufahren, widerspricht der Berufserfahrung der Fischer. Sie stößt auf Skepsis, aber sie weckt auch Hoffnung und Vertrauen: »Auf dein Wort hin will ich es versuchen.« Jesus bleibt dabei, und das Ergebnis bestätigt das Vertrauen. Die Netze sind so voll, dass die Fischer es kaum schaffen, sie ins Boot zu ziehen. Das Ergebnis übertrifft alle Erwartungen.

Mit ähnlichen Gefühlen wie die Jünger in der Erzählung beginnen die neuen Schulkinder und ihre Eltern den Lebensabschnitt Schule. Ihnen Mut und Zuversicht zuzusprechen, ist der Grund für die Auswahl dieser Geschichte. Die Botschaft an sie soll sein: Es wird bestimmt gut, denn du bist ja nicht allein. Viele Kinder gehen mit dir, und viele Menschen begleiten dich mit ihrer Liebe, Sorge und Hilfe und vielen guten Worten und Wünschen. Alle sind mit in dem Boot, das heute Schule und Schulanfang heißt. Mehr noch: Der Glaube sagt uns, Jesus ist mit im Boot. Er sagt zu jedem ganz persönlich: »Fürchte dich nicht«, so wie er es damals zu Petrus gesagt hat.

Um etwas von diesem Glauben anfänglich zu spüren, ist das Einsteigen in das Boot, das Floß, das im Altarraum steht, wichtig. Die Schulanfangskinder zusammen in einem richtigen Boot, auf einem richtigen Floß, mit Lehrerinnen und Lehrern aus ihrer neuen Schule und dazu die auf ihre Situation hin gedeutete Jesusgeschichte sind eine Erfahrung, die sich bei den Kindern einprägt und die Erinnerung ermöglicht.

Ein aus Tonpapier gefaltetes Boot mit dem Datum des Schulanfangs und dem Namen des Kindes unterstützt die Erfahrung und wird mitgenommen auf den Weg in die Schule und nach Hause. Das Segenslied mit dem Kehrvers »Segne uns und mach uns Mut« unterstützt die Intention des Gottesdienstes.

Denkzettel für die Vorbereitung

▷ Ein Tonnenfloß wird in der Kirche aufgebaut, in das die Schulanfängerkinder und die anwesenden Lehrerinnen und Lehrer einsteigen. Bei über 100 Schulanfängerkindern haben wir zwei Gottesdienste gefeiert, damit alle im Boot Platz finden konnten.

▷ Für den Aufbau des Floßes sind erfahrene Helfer nötig. Am besten fragt man beim örtlichen THW, das oft ein solches Floß hat.

- ▷ Die Papierschiffe werden in der bekannten Weise aus farbigem Tonpapier gefaltet (je nach gewünschter Größe des Schiffes DIN A 3 oder A 4). Mit Hilfe einer Schulklasse ist das schnell gemacht.
- ▷ Die Boote werden seitlich beschriftet mit dem Datum des Gottesdienstes und bieten (ggf. auf der anderen Seite) noch Platz, damit die Kinder selbst ihre Namen darauf schreiben können (Linie vorgeben).
- ▷ Die Mitarbeitenden aus den Grundschulen und den Kirchengemeinden sollten rechtzeitig angesprochen werden. Dazu gehören auch die Eltern und Lehrerinnen/Lehrer, die bei dem Fürbittengebet mitmachen.
- ▷ Die Kindergärten bekommen frühzeitig den Liederzettel zum Einüben der Lieder.

Der Gottesdienst

■ Ablauf des Gottesdienstes

Fröhliche Orgel- und Trompetenmusik zur Eröffnung des Gottesdienstes

Begrüßung:

Liebe Mädchen und Jungen,
die heute in die Schule kommen.
Willkommen zum Schulanfang in der N.N.-Kirche.
Dies ist euer Tag und euer Gottesdienst!
Ihr sollt das jetzt richtig merken, wie wichtig und groß ihr seid.
Ihr dürft etwas machen, was wir nur heute in der Kirche tun:
Stellt euch einmal auf die Bank, auf der ihr sitzt,
damit wir euch alle sehen können.
(Die Schulanfangskinder stellen sich auf die Kirchenbank.)
Wir freuen uns, dass ihr so groß geworden seid.
Wir freuen uns und darum klatschen wir jetzt für euch.
(In die Hände klatschen und die Schulanfangskinder begrüßen.)
Jetzt setzt euch wieder.
Mit dem Klatschen ehren wir euch.
Wir sagen: **Alle Achtung!**
Ein Gruß allen, die mit euch gekommen sind:
Eure Mütter und Väter, Großeltern, Patinnen und Paten, Verwandte.
Sie alle haben euch geholfen, so groß zu werden.
Sie haben für euch gesorgt. Sie sind stolz auf euch.
Für sie alle klatschen wir jetzt auch in die Hände.
(In die Hände klatschen und die Angesprochenen begrüßen.)
Hier in der Kirche loben wir Gott, wenn wir in unsere Hände klatschen.
Wir sagen: Gott sei Dank, wir ehren dich, wenn wir jetzt feiern.
Darum: Im Namen dieses Gottes, des Vaters und des Sohnes und des Heiligen Geistes feiern wir jetzt euren Schulanfang.
Wir singen zusammen:

Lied: »Gott, du bist ja bei mir« (s. Seite 104)

Gebet

Lieber Gott,
wenn wir so singen, ist es sehr schön.
Wenn wir in die Hände klatschen, bekommen wir das Gefühl:
Du freust dich auf jede und jeden von uns, wenn wir jetzt mit der Schule anfangen. Hilf uns, das jetzt zu glauben.
Amen.

Lied: Kongo-Boat-Song

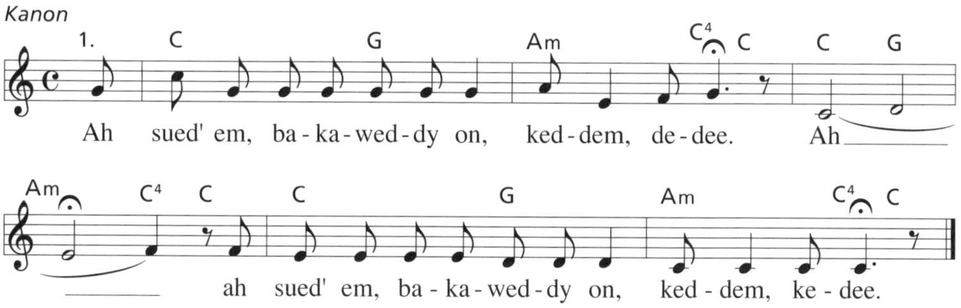

Erzählung nach Lukas 5,1–11

Erzählung

Liebe Schulanfangskinder mit euren Familien,
ich erzähle euch eine Geschichte von Jesus, von einem Boot und von den Menschen, die mit im Boot sind.
Ein neuer Tag beginnt. So einer wie heute.
Morgens liegt der Nebel noch über dem Land und über dem See Genezareth.
Der Wind und die Luft verraten: Heute kommt die Sonne.
Heute wird es schön.
Schon früh am Morgen sind viele Menschen bei Jesus.
Viele, so viele, wie wir heute sind.
Die wollen ihn hören. Unbedingt!
Mütter, Väter, Frauen, Männer, ganz viele Kinder, alte und junge Menschen.
Sie alle wollen ihn unbedingt hören.
Warum? – *(Pause)*
Weil er von Gott redet.
Mehr: Wenn Jesus von Gott redet, dann haben sie das Gefühl, ein leises Vertrauen: Gott ist mitten unter uns.

Jesus steigt in ein Boot.
Eins von vielen am See Genezareth.
Vielleicht auch auf so eins.
(Pfarrerin/Pfarrer steigt auf das Floß, das in der Kirche aufgebaut ist.)

So kann ich die Leute besser sehen.
Prima – so ein Boot oder Floß.
Stop.
Wem gehört das Boot eigentlich?
Jesus schaut sich um.
Er sieht einen müden Mann. Müde am frühen Morgen.

»Wer bist du?«, fragt Jesus den Müden.
»Simon – manche sagen auch Simon Petrus«, antwortet der.
Als Jesus den Namen hört, ist Simon Petrus wichtiger für ihn als die vielen anderen Menschen.
»Simon Petrus«, sagt Jesus, »du siehst müde und traurig aus. Woher kommt das? Das ist doch ein herrlicher Tag heute!«
»Du hast gut reden, Jesus«, sagt Simon. »Von wegen herrlicher Tag. Für mich hat der Tag schlecht angefangen. Die ganze Nacht haben wir die Netze ausgeworfen und nichts gefangen.«
»O Gott«, denkt Jesus: »Die haben sich die ganze Nacht abgerackert und nichts ist dabei rausgekommen.«
»Warum? Selber Schuld!«, das kann keiner sagen. Die Fischer verstehen ihr Handwerk.
Aber jetzt verstehen sie Gott und die Welt nicht mehr.

Jesus sagt: »Simon, fahrt hinaus, wo es tief ist, und werft die Netze aus.«
Simon schaut Jesus an, als würde er von einem anderen Stern kommen.
»Jetzt am helllichten Tag rausfahren? Jetzt, das wird nichts. Das bringt nichts«, denkt er sich. »Aber wenn du, Jesus, das sagst, will ich losfahren. Aber nur, weil du es bist«, sagt er laut.

Ein neuer Anfang.
Ein Aufbruch mit Herzklopfen.
Darum steigen wir jetzt alle in das Boot ein (auf das Floß).
Ich bitte euch Schulanfangskinder und die Lehrerinnen mitzukommen.
Wir steigen ein.
(Alle Angesprochenen kommen nach vorne und steigen ein.)

Jesus fährt mit Simon und den anderen Fischern auf den See hinaus. Er kennt ihre Namen. Er spürt ihre Hoffnungen und Sorgen.

Das ist heute unsere Hoffnung: Jesus geht mit euch in den Schulanfang. Er kennt eure Namen. Er freut sich mit euch auf das Neue: die Schule, die Lehrerinnen und Lehrer.
Jesus spürt euer Herzklopfen und eure stille Frage: Schaffe ich das gut?
Und das Beste: Jesus traut dir, wie er Simon Petrus traut.
Er vertraut Gott: Das wird gut werden.

Ja und dann?
Dann werfen Simon und die anderen die Netze aus und die werden so voll, dass sie es kaum schaffen, sie ins Boot zu ziehen. Da muss Jesus noch einmal tüchtig zupacken und helfen.

(Pause)

Das wisst ihr: Manchmal wird es auch in der Schule schwer. Aber: Da sind Menschen, die mit zupacken. Die anderen Lehrerinnen und die Eltern.

Simon Petrus kann das nicht verstehen.
Wer kann auch schon Gott und Jesus verstehen?
Im Boot sagt Jesus zu Petrus: »Fürchte dich nicht.«
Und das sagt er zu dir, zu dir, zu dir, zu jeder und zu jedem.
Amen.

(Auf dem Floß singen alle nochmals den »Kongo-Boat-Song«.)

Aktion und Segen:
(Jedes Kind bekommt ein kleines Boot mit auf den Schulweg. Danach werden alle Schulanfängerkinder gesegnet.)

Beispiele für Segensworte:
N.N., der Herr ist mit dir. Er segne dich für deinen neuen Lebensweg.
Oder:
NN., der Herr segne und behüte dich.
(Während die Kinder gesegnet werden, singen alle oder ein Kinderchor:)

Lied: »Herr, wir bitten, komm und segne uns …« (EG Regionalteile, LJ 392, SL 90)
(Wenn alle Kinder gesegnet und wieder auf ihrem Platz sind, singen wir gemeinsam:)

Lied: »Geh aus mein Herz und suche Freud ...« (s. Seite 24)

Fürbittengebete

Pfarrerin/Pfarrer:
Herr, unser Gott,
du weißt, die vielen Schulanfangskinder hier in der Kirche sind heute in einen neuen Lebensabschnitt eingestiegen.
Wie die Jünger haben sie sich auf einem großen Boot versammelt.
Sie haben dabei erfahren, dass sie nicht allein sind.
Ein bisschen unsicher waren sie schon,
weil das Boot hin und her wackelte.
Ob es alle trägt, ob man darauf sicher ist?
Ob es zum Erfolgt führt? Doch dann haben sie gehört, dass Jesus mit ins Boot gestiegen ist. Er kennt ihre Angst und sagt:
Fürchtet euch nicht, ich bin ja bei euch.
Diese Erfahrung wünschen wir allen Mädchen und Jungen auf dem großen Boot Schule.
So singen wir gemeinsam:

Kanon: »Das wünsch ich sehr« (LJ 488, SL 218)

Vater oder Mutter:
Herr, unser Gott,
du weißt, wenn unsere Kinder erfahren mussten, dass sie allein sind oder wenn sie Angst hatten, haben wir sie in den Arm genommen oder an der Hand geführt, damit die Angst vergeht.
Nun müssen wir sie mehr und mehr loslassen. Das fällt uns nicht leicht.
Wir bitten dich, lass sie Menschen finden, die bei ihnen sind, die mit ihnen gehen, die sie verstehen und ihnen Freundinnen und Freunde werden.
Deshalb singen wir gemeinsam:

Kanon: »Das wünsch ich sehr«

Lehrerin oder Lehrer:
Herr, unser Gott,
du weißt, auf unserem großen Boot Schule geht es auch manchmal stürmisch zu.

Lass uns aufmerksam sein, dass kein Kind an den Rand gedrängt wird oder untergeht. Hilf uns, ein Vorbild für die Kinder zu sein.
Wir wollen mithelfen, dass jeder und jede einen Freund oder eine Freundin findet, damit jedes Kind gern zur Schule gehen und mit Freude lernen kann.
Deshalb singen wir gemeinsam:

Kanon: »Das wünsch ich sehr«

Pfarrerin/Pfarrer:
Herr, unser Gott,
wir erinnern uns: durch Jesus, deinen Sohn, haben wir von deiner Liebe und Menschenfreundlichkeit erfahren.
Er hat uns gesagt, dass du bei uns bleibst und keinen alleine lässt. Durch ihn haben wir gelernt, wie wir mit dir sprechen können. Das wollen wir jetzt gemeinsam tun:

Vater unser ...

Lied: »Segne uns und mach uns Mut ...« (s. Seite 49)

Aaronitischer Segen

Der Herr segne euch und behüte euch.
Der Herr lasse sein Angesicht leuchten über euch und sei euch gnädig.
Der Herr erhebe sein Angesicht auf euch und gebe euch Frieden.
(nach 4. Mose/Numeri 6,24–26)

Orgelmusik begleitet uns in die Schule und nach Hause.

Segenskraft ist Lebenskraft

Theologische und religionspädagogische Überlegungen

Große, bunte, mit Gas gefüllte Luftballons steigen im Kirchenschiff hoch zur Decke. (Sie werden von einer langen Schnur gehalten, damit sie nicht bis in das Kirchengewölbe fliegen und dort nicht mehr herunterzuholen sind.) Auf jedem Luftballon stehen die Namen der Schulkinder einer neuen ersten Klasse. Alle staunen. Was für eine Kraft muss in diesen Ballons sein, dass sie so hochgetrieben werden können. Wir wissen, es ist Heliumgas, das so etwas vermag.

Menschen können tief am Boden liegen, wenn sie traurig, unglücklich, krank oder einsam sind. Menschen können aber auch vor Freude in die Luft springen, getragen und hochgehoben werden, vor Glück schweben.

Es gibt Worte, die solche Gefühle auslösen, gute Worte, aufmunternde und Mut machende Worte. Solche Worte erfährt Abram in der Geschichte, aus der der Leitspruch dieses Gottesdienstes stammt:

> »Ich will dich segnen und du sollst ein Segen sein.«
> (1.Mose 12,2)

Gott sagt: Ich will bei dir sein, ich will dich beschützen, ich gebe dir Kraft. Ich will, dass es dir gut geht. Du brauchst keine Angst zu haben. Wer in diesem Vertrauen lebt, kann die Segenskraft, die er empfängt, weitergeben. Er kann selbst ein Segen sein.

Die Zusage an Abram ist auch die Zusage an jede einzelne und jeden einzelnen der Schulanfangskinder. Die Namen auf dem großen Ballon sollen sagen, dass die neue Gemeinschaft, die neue Klasse, unter dem Schutz des Gottes Abrams und Sarahs steht. Die Kinder, die Lehrerinnen und Lehrer, die Eltern, alle gehören zusammen. Die Kinder sollen durch den Segen auch das Vertrauen bekommen: Gemeinsam in der Klasse erfahren wir Gottes Segenskraft.

Segenskraft ist Lebenskraft. Die aufsteigenden großen Luftballons sollen das deutlich machen. Daran erinnert auch das Segenskästchen für jedes Kind – über den heutigen Tag und über den Gottesdienst hinaus. Wenn ich den Segensspruch lese und wenn ich den kleinen Luftballon, der in dem Kästchen liegt, mit meinem Lebensatem, mit meiner Lebenskraft aufpuste, will ich mich daran erinnern: Es wird gut in der Schule. Meine Lebenskraft, wie groß oder klein sie auch ist, ist Segenskraft, weil Gott meinem Leben Atem gegeben hat. Mehr noch: Er hat Segen zugesprochen. Darauf kann ich mich verlassen.

Denkzettel für die Vorbereitung

Vorbereitungen

▷ Große Luftballons (ca. 50 cm Durchmesser), so viele wie es neue Klassen gibt, werden mit Heliumgas gefüllt und mit den Namen der Kinder der jeweiligen Klasse beschriftet. Gas und Ballons sind in Bastelbedarfsgeschäften zu kaufen.

▷ Die Ballons sind zunächst an der Kanzel am kurzen Band angebunden. Wenn der Knoten gelöst wird, steigen die Ballons hoch, das Ende der Schnur muss aber weiter befestigt bleiben, damit die Ballons auch wieder heruntergeholt werden können. (Damit die Ballons über dem Altarraum während des Segens schweben, kann man unter anderen räumlichen Gegebenheiten die Ballons zunächst an den Kirchenbänken befestigen und nach dem Lösen der Knoten von der jeweiligen Klassenlehrerin nach vorne tragen lassen. Die Kinder versammeln sich dann klassenweise unter ihrem Ballon.) Später werden sie der Lehrerin bzw. dem Lehrer der ersten Klassen übergeben und mit in die Schule genommen, wo sie noch einige Wochen das Klassenzimmer schmücken können.

▷ Die Segenskästchen werden von Schulkindern der 3. oder 4. Klassen vor den Sommerferien gefaltet (s. Bastelanleitung). Die Kästchen können schön bemalt und mit dem Datum des Gottesdienstes versehen werden. Es bleibt Platz für den Namen, den ein jedes Kind zu Hause oder in der Schule auf sein Kästchen schreiben kann.

▷ In jedes Kästchen kommt der Segensspruch aus der Bibel:
»Gott spricht zu Abram:
Ich will dich segnen und du sollst ein Segen sein«
und ein Luftballon zum Aufpusten. Die Kinder kommen klassenweise zum Segen nach vorne in den Chorraum der Kirche. Sie versammeln sich um ihren großen Klassenballon, werden gesegnet und bekommen ihr Segenskästchen überreicht.

▷ Es ist rechtzeitig Kontakt aufzunehmen mit einer Lehrerin oder einem Lehrer, die mit ihrer/seiner Klasse die Kästchen falten, bemalen, beschriften und mit dem Inhalt füllen.

▷ Eltern, eine Lehrerin/ein Lehrer und ein Schulkind sind anzusprechen, ob sie beim Fürbittengebet mitwirken.

▷ Die Kindergärten bekommen rechtzeitig den Liederzettel, damit die Lieder eingeübt werden können.

Der Gottesdienst

■ Ablauf des Gottesdienstes

Fröhliche Orgel- und Trompetenmusik zur Eröffnung des Gottesdienstes

Begrüßung:

Liebe Mädchen und Jungen,
die heute in die Schule kommen.
Willkommen zum Schulanfang in der N.N.-Kirche.
Dies ist euer Tag und euer Gottesdienst!
Ihr sollt das jetzt richtig merken, wie wichtig und groß ihr seid.
Ihr dürft etwas machen, was wir nur heute in der Kirche tun:
Stellt euch einmal auf die Bank, auf der ihr sitzt,
damit wir euch alle sehen können.
(Die Schulanfangskinder stellen sich auf die Kirchenbank.)
Wir freuen uns, dass ihr so groß geworden seid.
Wir freuen uns und darum klatschen wir jetzt für euch.
(In die Hände klatschen und die Schulanfangskinder begrüßen.)
Jetzt setzt euch wieder.
Mit dem Klatschen ehren wir euch.
Wir sagen: **Alle Achtung!**
Ein Gruß allen, die mit euch gekommen sind:
Eure Mütter und Väter, Großeltern, Patinnen und Paten, Verwandte.

Sie alle haben euch geholfen, so groß zu werden.
Sie haben für euch gesorgt. Sie sind stolz auf euch.
Für sie alle klatschen wir jetzt auch in die Hände.
(In die Hände klatschen und die Angesprochenen begrüßen.)
Hier in der Kirche loben wir Gott, wenn wir in unsere Hände klatschen.
Wir sagen: Gott sei Dank, wir ehren dich, wenn wir jetzt feiern.
Darum: Im Namen dieses Gottes, des Vaters und des Sohnes und des Heiligen Geistes feiern wir jetzt euren Schulanfang.
Wir singen zusammen:

Lied: »Gott, du bist ja bei mir« (s. Seite 104)

Psalm 139 (s. Seite 77)

Gebet

Gott,
ein Segen, dass wir jetzt in die Schule kommen.
Du weißt, wir haben lange auf diesen Tag gewartet.
Jetzt ist es endlich soweit.
Segne uns mit einem starken Gefühl:
Du umgibst uns von allen Seiten.
Amen.

Erzählung

Die Geschichte von einem kleinen, geheimnisvollen »Segenskästchen«

(nach 1. Mose 12,2)

Liebe Schulanfangskinder,
schaut her!
(Hält das Segenskästchen hoch.)
Ich verrate euch was: Jedes Schulanfängerkind bekommt nachher so ein Segenskästchen.
Das steckt ihr in eure Schultüte. Das Segenskästchen dürft ihr erst zu Hause öffnen.
Was ist in einem Segenskästchen drin?
Ich verrate es euch! Zwei Sachen:
Ein Spruch aus der Bibel, der heißt:
»Gott spricht zu Abram: Ich will dich segnen und du sollst ein Segen sein.«

»Was soll ich mit einem Spruch? Ein Schokoriegel oder eine Tafel Schokolade wären mir lieber«, wirst du sagen.

Wir glauben, so ein Spruch ist gut, sehr gut.
Gott spricht?
Ja, Gott spricht!
Abram hat eine innere Stimme gehört. Er wusste: Das ist Gott.
Für Abram beginnt ein neuer Weg.
Und da hat er gehört: »Abram, habe keine Angst. Ich gehe mit dir.
Ich beschütze dich. Ich halte meine Hand über dich. Ich gebe dir Kraft.«

Das heißt: Ich will dich segnen. Du bist von mir umgeben.
Du bist nicht alleine.
Also, dieser Spruch tut gut.

Im Segenskästchen ist aber noch etwas drin: ein kleiner Luftballon!
Ein Luftballon, in den ihr eure Kraft hineingeben könnt.
Lebensatem. Lebenskraft. Gotteskraft.

Und hier seht ihr zwei/drei ganz große Luftballons.
Jede Klasse bekommt einen von diesen großen. Da stehen eure Namen drauf.
Und da ist ganz viel Kraft drin!
Seht – LEBENSKRAFT!
Ich zeige euch die Lebenskraft.
(Pfarrerin/Pfarrer lässt die Luftballons steigen.)

Ich muss euch, liebe Schulanfangskinder, von Friedemann und Paula erzählen:
Das sind zwei Schulanfangskinder. Sechs Jahre alt. Bald beginnt die Schule für sie.
Friedemann und Paula spielen zusammen. Sie sind gute Freunde. Sie spielen mit Pokemonkarten *(durch anderes aktuelles Spiel ersetzbar).*
Paul sagt: »Ich habe keine Lust mehr, immer mit Pokemonkarten zu spielen. Mir ist das zu anstrengend.«

Da fällt dem Friedemann ein, dass zu Hause noch Luftballons und Helium sind. Er sagt: »Komm, Paula, wir füllen einige Luftballons mit Helium und lassen sie steigen.«
Gesagt, getan. Friedemanns Mutter hilft den beiden. Paula hält die Luftballons fest.

Und als sie die Luftballons festhält, denkt sie an die Schule: »Ja, ich möchte festhalten, was ich lerne: lesen, schreiben, rechnen. Ja, ich möchte festhalten: die guten Worte der Lehrerin, das Augenzwinkern der Freundin.«
Friedemanns Mutter denkt auch an die Schule: »O je«, denkt sie, »jetzt muss ich meinen Jungen loslassen. Wo geht es hin?«
Aber dann sieht sie die Schnur. Friedemanns Mutter nimmt eine in die Hand und sie spürt: Mein Junge braucht meine Zeit, meine Nähe, meine Worte.
Ich will ihn leiten.
In der Kirche sehen wir das: Hier sind die Grenzen weit gesteckt. Eine lange Schnur.

Paula und Friedemann nehmen einen Luftballon in die Hand und merken die Kraft.
Ihr werdet sie auch merken, wenn ihr nachher den großen Luftballon mit in die Schule nehmt.
Ihr müsst gut aufpassen. »Ab geht's!«, sagt dieses Segenszeichen.
In jeder und in jedem steckt Segenskraft. Darum steht jeder Name auf dem großen Luftballon.
Ihr gehört jetzt zusammen. Ab geht's! Ihr gehört jetzt in der Klasse zusammen.
Eine große Kraft, die in euch steckt. Ein Segen!
Gott kennt jeden Namen. Dieser Glaube, das ist eine Segenskraft. Eine Superkraft. Du wirst es sehen und spüren.

Friedemann und Paula jedenfalls lassen die Luftballons los. Sie legen sich ins warme Gras, schauen und schauen, bis sie nichts mehr sehen können – und träumen: von der Schule.
Ein Segen!
Amen.

Lied: »Herr, wir bitten, komm und segne uns …« (EG Regionalteile, LJ 392, SL 90)

Aktion und Segen

(Jeweils die Kinder einer Klasse kommen nach vorn und stellen sich unter ihren Klassenballon. Jedes Kind bekommt ein »Segenskästchen« und wird mit Handauflegung gesegnet.)

Beispiele für Segensworte:
N.N. Gott segne und behüte dich!
Oder: N.N. Gott segne dich mit Kraft und Mut!
Oder: N.N. Gott segne und beschütze dich!

(Wenn alle Kinder wieder auf ihrem Platz sind, singen wir gemeinsam:)

Lied: »Wir singen alle Hallelu«
(LJ 430, SL 26 u. in: »Komm in Gottes Schöpfungsgarten«, dem ersten Band der Reihe »Materialien zur Gemeindearbeit«, S. 112)

Fürbittengebet

Pfarrerin/Pfarrer:
»Ich will dich segnen und du sollst ein Segen sein.« Wie zu Abraham sprichst du, guter Gott, auch zu uns.
Diese Worte tun gut, weil sie sagen, dass du für uns das Gute willst.
Sie machen groß und stark.
Sie helfen, wenn wir ängstlich und unsicher sind.
Deine Zusage gibt uns Mut, mit unseren Sorgen und Bitten immer wieder zu dir zu kommen. So beten wir gemeinsam:

Segne uns und mach uns Mut, allen tut dein Segen gut.
(Der Vers kann auch gesungen werden. Siehe Refrain des Liedes »Gott, auf deiner Erde« S. 49)

Erzieherin:
Guter Gott, Segenskraft!
In der Kindergartenzeit haben wir oft erfahren und gespürt, wie wichtig jedes Kind für uns ist. Wir haben von den Kindern gelernt, Freude und Trauer zu zeigen, sich trösten zu lassen und andere zu trösten.
Wir haben gelernt, Zuwendung und Freundschaft zu schenken, ohne Bedingungen zu stellen. Bleibe weiter mit deinem Segen bei ihnen.
Mach diese Kinder weiter zu Segensstifterinnen und Segensstiftern. Darum bitten wir gemeinsam:

Segne uns und mach uns Mut, allen tut dein Segen gut.

Vater oder Mutter:
Guter Gott, Lebenskraft!
Wir danken dir für unsere Kinder. Du hast sie unserer Liebe und Sorge anvertraut. Du hast uns Lebenskraft gegeben, damit wir sie beschützen.
Wir freuen uns an unseren Kindern. Nun sind sie schon so groß, dass sie anfangen, eigene Wege zu gehen.
Wir wollen sie nicht festhalten, aber wir wollen für sie da sein, wenn sie uns brauchen.
Dafür bitten wir um deine Hilfe und beten gemeinsam:

Segne uns und mach uns Mut, allen tut dein Segen gut.

Pfarrerin/Pfarrer:
Guter Gott, Segenskraft!
Deiner Liebe vertrauen wir.
Dein Versprechen gilt auch uns heute und jeden neuen Tag.
In diesem Vertrauen beten wir gemeinsam:

Vater unser ...

Lied: »Segne uns und mach uns Mut ...« (s. Seite 49)

Aaronitischer Segen

Der Herr segne euch und behüte euch.
Der Herr lasse sein Angesicht leuchten über euch und sei euch gnädig.
Der Herr erhebe sein Angesicht auf euch und gebe euch Frieden.
(nach 4. Mose/Numeri 6,24–26)

Orgelmusik begleitet uns in die Schule und nach Hause.

Bastelanleitung »Segenskästchen«

Aus Tonpapier wird ein Quadrat von 15 x 15 cm geschnitten. Dieses Papier wird in folgender Weise wiederholt gefaltet und aufgeklappt, dass durch die Faltlinien ein Gitternetz darauf entsteht (s. Skizzen rechts).

1. Das Quadrat wird nach beiden Seiten diagonal gefaltet.
2. Alle vier Ecken werden zum Mittelpunkt gefaltet.
3. Jede Ecke wird bis an die unter 2. entstandene (Falt-)Linie der gegenüberliegenden Seite gefaltet.
4. Jede Ecke wird jetzt auch noch zu der (Falt-)Linie gefaltet, die durch 2. entstanden ist, aber auf der gleichen Seite liegt.
5. Bei zwei gegenüberliegenden Seiten wird bis an die Seiten des in der Mitte liegenden Quadrats eingeschnitten.
6. Die äußeren Ecken der beiden nicht eingeschnittenen Seiten werden bis zum Mittelpunkt des Quadrats gefaltet. Dann werden die Seitenwände aufgestellt und gegeneinander verschränkt.
7. Die beiden eingeschnittenen Seiten werden über die Wände geknickt. Die Spitzen berühren den Mittelpunkt der Bodenfläche der Schachtel.
8. Aus einem zweiten Quadrat (14,5 x 14,5 cm) wird in gleicher Weise eine zweite Schachtel gefaltet.
9. Die beiden Schachtelteile werden zusammengesteckt als Unterteil und Deckel des fertigen Kästchens.

1

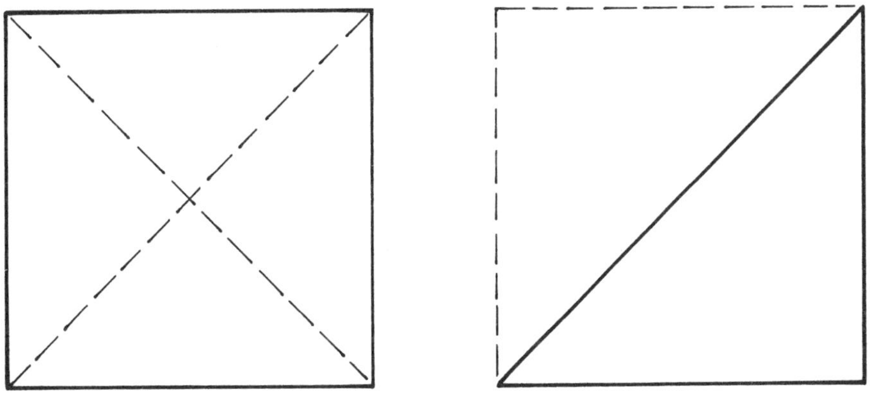

2

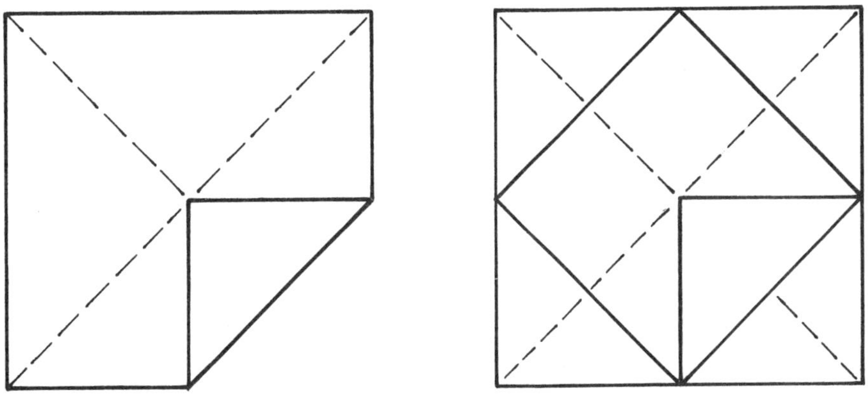

So wird das »Segenskästchen« schließlich zusamengefaltet:

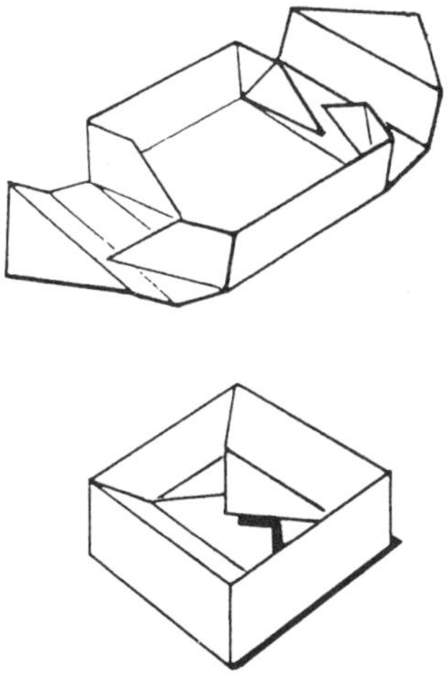

3

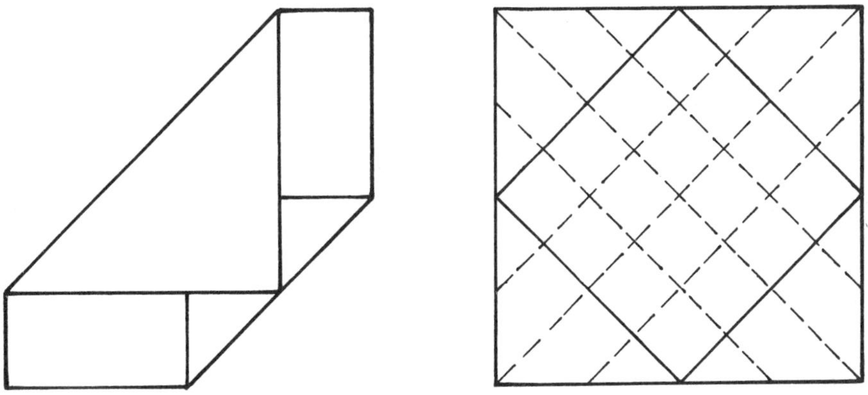

4

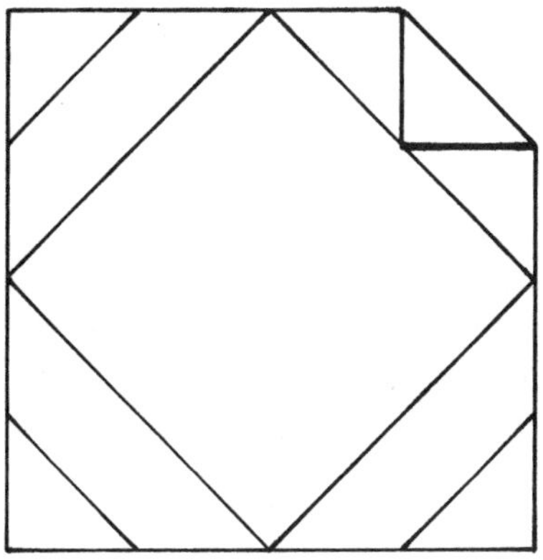

5

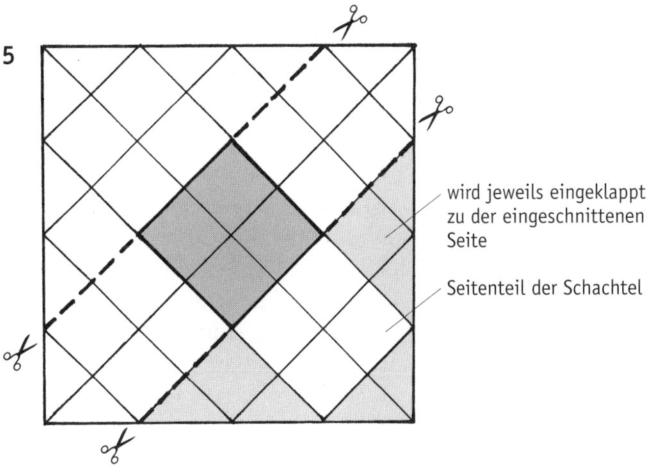

Bibelstellenregister

1. Mose/Genesis 9,8-17	33	Jeremia 17,7.8	54
1. Mose/Genesis 12,1+2	38, 115		
		Matthäus 18,1-3	86
Psalm 23,1-4	25		
Psalm 119	92	Markus 4,30-32	62
Psalm 139	77, 115	Markus 10,13-16	17
Jesaja 43,1-3a+5a	46	Lukas 5,1-11	109
Jesaja 61,10	71		

In den Gottesdiensten verwendete Symbole

Boot	107	Regenbogen	30
Buch	75	Samenkörner	61
Baum	52	Segenskästchen	113
Farben	90	Sonnenstrahlen	90
Fisch	44	Stab	22
Freundschaftsband	99	Tuch	69
Glocken	84	Weg	22
Hände	16	Worte	90
Luftballon	113	Zelt	36

Verzeichnis der Lieder

(Genannt sind hier nur die Lieder, die in diesem Buch abgedruckt sind, nicht aber jene, auf die nur verwiesen wird.)

Du bist meine Zuflucht 93
Ein neuer Tag ist da 38
Geh aus mein Herz und suche Freud 24
Getragen, getragen 73
Gott, dafür will ich dir danke sagen 101
Gott, du bist ja bei mir 104
Ich sitze oder stehe 78
Kongo-Boat-Song 109
Mein Lebenstraumbaum 54
Segne uns und mach uns Mut .... 49 u. 66
Wir gehen im Frieden 25